Das Buch

Nur wenige Menschen kennen ihren IQ. Intelligenz – kein Thema? Von wegen! Als SPIEGEL ONLINE vor Kurzem gemeinsam mit dem Hochbegabtenverein Mensa zum großen Intelligenztest einlud, war das Interesse riesig: Hunderttausende Leser machten mit.

Dieses Buch bietet nun eine neue Chance, sich selbst zu testen. Es gilt, 99 Aufgaben aus den Bereichen Sprache, Zahlen und Figuren zu lösen. Wie das eigene Ergebnis einzuschätzen ist, verrät der Analyseteil.

In zweiten Teil erklären die Autoren die Hintergründe. Welche Bedeutung hat das Testen von Intelligenz heute? Ist wirklich jedes Kind hochbegabt? Kann man Intelligenz trainieren? Wie wichtig ist sie für Erfolg im Beruf? Und wie leben Überflieger im Alltag?

Der große SPIEGEL-Intelligenztest ist für alle da – nur Mut, trauen Sie sich!

Die Herausgeber

Martin Doerry, geboren 1955, ist promovierter Historiker und arbeitet seit 1987 für den SPIEGEL. Seit 1998 ist er stellvertretender Chefredakteur.

Markus Verbeet, geboren 1974, ist promovierter Jurist und arbeitet seit 2003 für den SPIEGEL. Seit 2012 ist er stellvertretender Ressortleiter in der Deutschland-Redaktion.

KiWi

1352

Martin Doerry / Markus Verbeet (Hg.)

Wie schlau sind Sie?

Der große SPIEGEL-Intelligenztest
zum Mitmachen

Kiepenheuer & Witsch

Bildnachweis

S. 18	Schutzverband Dresdner Stollen / dpa-tmn
S. 20	Daniel Maurer / dpa
S. 22 / 23	Wolfgang Runge / dpa
S. 27	Sebastian Kahnert / dpa / pa
S. 28	Markus C. Hurek / dpa / pa
S. 30	Frauke Thielking / plainpicture
S. 33	Rolf Haid / dpa
S. 34	Georgios Kefalas / dpa
S. 37	Jens Büttner / dpa
S. 38 / 39	Maurizio Gambarini / dpa
S. 80 / 81	Julian Stratenschulte / dpa
S. 82	Valentin Flauraud / dpa
S. 85	Frauke Thielking / plainpicture
S. 87	DER SPIEGEL
S. 88	Rolf Vennenbernd / dpa
S. 90	Franziska Koark / dpa
S. 93	Peter Endig / dpa
S. 94	Ingo Wagner / dpa

MIX
Papier aus verantwortungsvollen Quellen
FSC® C083411
FSC www.fsc.org

Verlag Kiepenheuer & Witsch, FSC® N001512

8. Auflage 2018

Umschlaggestaltung: © Barbara Thoben, Köln
Umschlagmotiv: © Mipan – Fotolia.com; Rudie – Fotolia.com
Gesetzt aus der Helvetica
Gestaltung und Satz Innenteil: Felder KölnBerlin
Druck und Bindung: CPI books GmbH, Leck
ISBN 978-3-462-04587-1

Inhalt

Einleitung

Wie steht's um Ihre Intelligenz, wie schlau sind Sie? Im Frühjahr 2012 bat der SPIEGEL gemeinsam mit dem Karrierenetzwerk XING und dem Hochbegabtenverein Mensa in Deutschland e. V. zur Intelligenzprobe. Viele Menschen fühlten sich herausgefordert: Mehr als 200 000 lösten Aufgaben aus den drei Bereichen Sprache, Zahlen und Figuren – oder versuchten es zumindest.

Dieses Buch enthält einen stark erweiterten Katalog von Aufgaben: 3 mal 33, von ziemlich leicht bis ganz schön schwer. Wie der Test funktioniert, steht in der Gebrauchsanweisung auf Seite 13. Zusammengestellt wurden die Aufgaben von einem vierköpfigen Team des Hochbegabtenvereins Mensa: Isabella Holz, Tanja Holzwarth, Matthias Moehl, Christian Symmank. Sie alle sind Mitglieder des Vereins und dürfen sich somit zu den intelligentesten zwei Prozent der Bevölkerung zählen. Denn von Mensa aufgenommen wird nur, wer einen IQ von mindestens 130 nachweist; das schafft nur jeder Fünfzigste. Weltweit zählt der Verein mehr als 100 000 Mitglieder, in Deutschland sind es rund 12 000. Wer wissen will, ob er aufgenommen würde, muss einen anerkannten IQ-Test absolvieren.

Dieses Taschenbuch kann und soll einen solchen ausführlichen Test nicht ersetzen; es ist nicht dazu geeignet und gedacht, einen IQ-Wert zu ermitteln. Das Buch bietet vielmehr ein intellektuelles Spiel. Es soll den Geist anstrengen und anregen. Und zugleich eine Ahnung davon vermitteln, wie es um den eigenen Grips bestellt ist und wie die Aufgaben aussehen, die in vielen Intelligenztests zu knacken sind. Wer daran Gefallen findet und seinen IQ präzise erfahren will, kann dann – zum Beispiel über www.mensa.de – an einem normierten, wissenschaftlichen Test teilnehmen.

Mit unterschiedlichen Aspekten des Themas Intelligenz setzen sich mehrere Texte auseinander, die im zweiten Teil dieses Buchs zu finden sind. In einem Interview klärt Professor Detlef H. Rost über Halbwahrheiten und andere Dummheiten auf, die sich über Intelligenz verbreitet hätten: Es sei unverständlich, »dass vielfach statt Faktenkenntnis ideologisch verbrämte Meinungen, Mutmaßungen und Mythen vorherrschen«. In einem weiteren Interview erklärt die Professorin Elsbeth Stern von der Eidgenössischen Technischen Hochschule (ETH) Zürich, welche Schlüsse für unser Bildungssystem aus den Erkenntnissen der Intelligenzforschung zu ziehen seien. Sie sagt unter anderem: »Das Gymnasium als Massenschule hat folgenden Nachteil: Die meisten Gymnasiasten sind nur mittelmäßig begabt und intellektuell nicht ganz auf der Höhe.« Der Text »Je schlauer, desto Chef« schließlich beschäftigt sich mit der Frage, wie wichtig eigentlich eine hohe Intelligenz fürs Leben und insbesondere fürs Berufsleben ist. Kommen wirklich die Intelligenten nach oben, oder sind andere Eigenschaften wichtiger?

Die Frage hingegen, ob Intelligenz gerecht verteilt ist, wird dieses Buch natürlich nicht beantworten können. Eines immerhin ist sicher: Intelligenz ist, soweit sie sich in einem IQ-Test messen lässt, gleichmäßig verteilt. Die Tests sind so kalibriert, dass die Ergebnisse normalverteilt sind. Testet man viele Menschen und stellt deren IQ-Werte grafisch dar, sieht man eine Gauß'sche Glockenkurve vor sich. Die kann man auch so lesen: Auf jeden Dummkopf kommt ein Schlaukopf. Wo Sie sich einreihen, müssen Sie selbst herausfinden. Wir hoffen jedenfalls, dass wir Ihren Kopf mit unseren 3 mal 33 Fragen weder unter- noch überfordern, und wünschen viel Vergnügen!

Der große SPIEGEL-Intelligenztest

Gebrauchsanweisung

1 Wie ist der Test aufgebaut?

Der Test besteht aus drei Teilen: Sprache, Figuren, Zahlen. In jedem Teil sind 33 Aufgaben zu lösen.

2 Wie mache ich mit?

Nehmen Sie einen Stift in die Hand und halten Sie eine Uhr mit Sekundenzeiger im Blick. Los geht's! Im Teil Sprache haben Sie 30 Sekunden pro Aufgabe. In den Teilen Figuren und Zahlen sind es jeweils 60 Sekunden. Wenn Sie innerhalb dieser Zeit keine Antwort gefunden haben, springen Sie zur nächsten Aufgabe.

3 Wie ermittle ich mein Ergebnis?

Vergleichen Sie Ihre Antworten mit den Lösungen ab Seite 97. Für jede richtige Antwort geben Sie sich einen Punkt. In jedem Test-Teil können Sie also maximal 33 Punkte erreichen – und insgesamt 99 Punkte. Wie Ihr Ergebnis einzuordnen ist, erfahren Sie auf Seite 129.

abc

Sprachaufgaben

Zeitvorgabe für diesen Teil:
30 Sekunden pro Aufgabe

Aufgabentyp: Welches Wort gehört nicht dazu?

Es soll der Begriff ausgewählt werden, der logisch nicht zu den anderen passt. Wenn mehrere Zusammenhänge möglich erscheinen, sollte die einfachste Erklärung gewählt werden. Es geht nicht um äußerliche Eigenheiten der Wörter wie bestimmte Buchstaben oder die Anzahl der Silben.

1

O violett   O karminrot

O kariert   O hellbraun

2

O Bäcker O Auszubildender

O Kfz-Mechaniker O Friseur

3

O eilig

O behutsam

O hastig

O rasch

4

O traurig O einsam

O bekümmert O betrübt

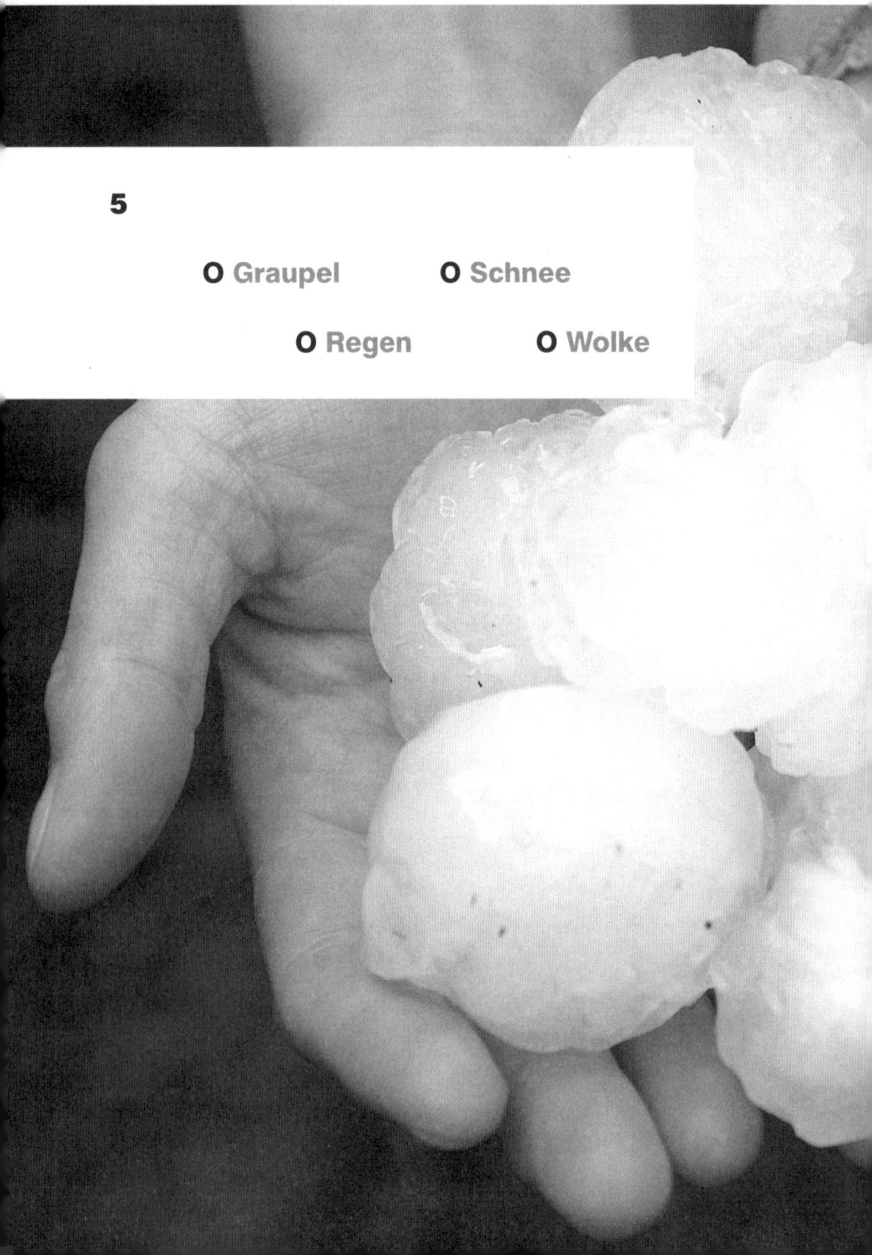

5

O Graupel O Schnee

O Regen O Wolke

6

O lang O leer

O hoch O tief

7

O Schrank O Fernseher

O Tisch O Sofa

8

O Wein O Rum

O Cocktail O Bier

9

O Ferkel O Fohlen

O Kalb O Küken

abc

Sprachaufgaben

10

O Speiche O Lenker

O Nabe O Felge

11

O Arzt

O Doktor

O Professor

O Magister

Aufgabentyp: Beziehungen

Die ersten beiden Begriffe stehen in einer bestimmten Beziehung zueinander. Es soll das passende Wort gefunden werden, das mit dem dritten Wort ein entsprechendes Beziehungspaar bildet.

12

Minute zu Zeit ist wie Gramm zu:

O Kilogramm

O Waage

O Masse

O Schwere

13
Regen zu Schirm ist wie Flut zu:

O Wasser

O Fluss

O Damm

O Ebbe

abc
Sprachaufgaben

14
Konzert zu Dirigent ist wie Film zu:

O Schauspieler O Drehbuch

O Kino O Regisseur

15
Aussage zu Lüge ist wie Urkunde zu:

O Fälschung

O Betrug

O kriminell

O Notar

16
Hammer zu Zange ist wie Bleistift zu:

O Tinte O Radiergummi

O Papier O Tintenkiller

17

Februar zu Januar ist wie Mittwoch zu:

O Donnerstag

O Mittwoch

O Dienstag

O Montag

18
Messer zu Fleisch ist wie Diamant zu:

O Teller O Ring

O Glas O Kohlenstoff

19
natürlich zu Bach ist wie künstlich zu:

O Teich

O Fluss

O Strom

O Rinnsal

20
Lampe zu Dunkelheit ist wie Lautsprecher zu:

O Musik O Stille

O Lärm O einschalten

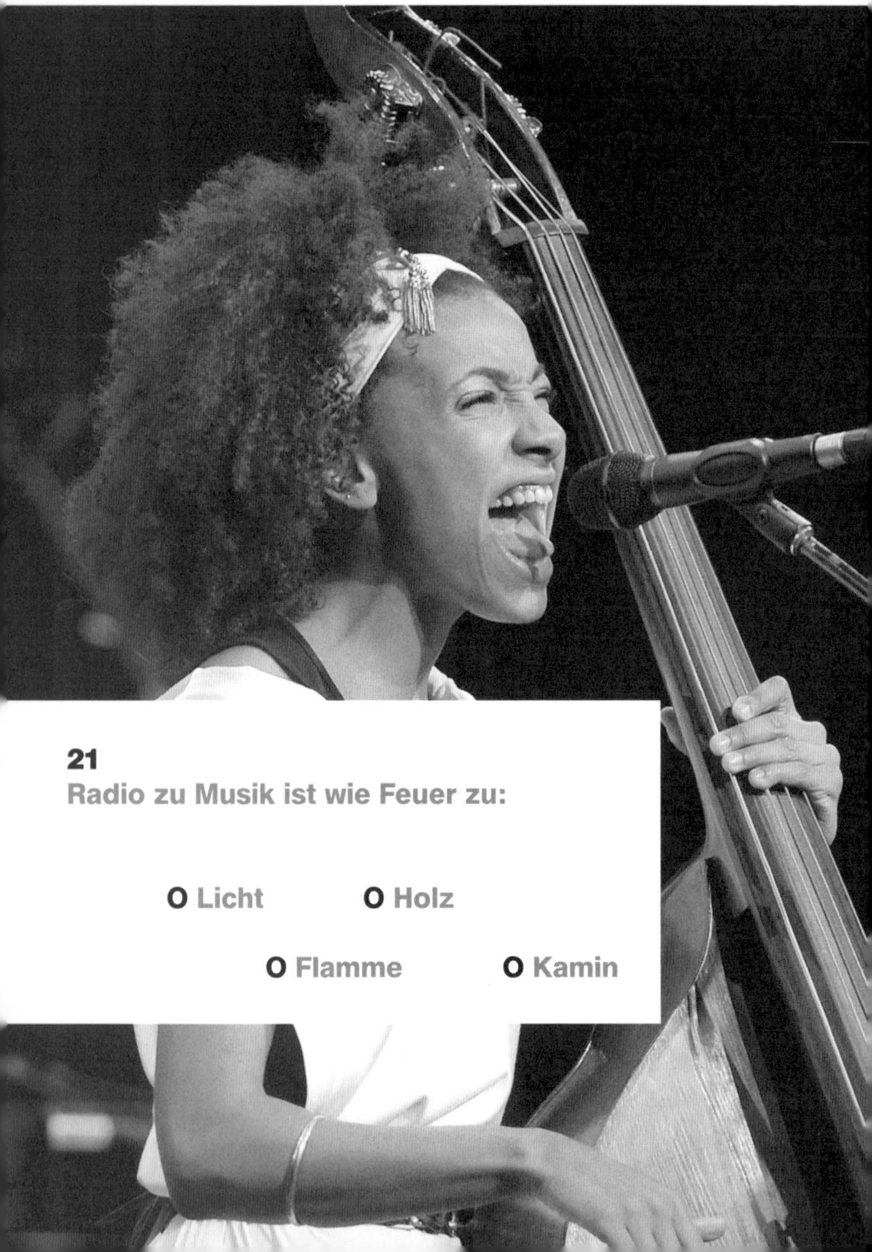

21

Radio zu Musik ist wie Feuer zu:

O Licht O Holz

O Flamme O Kamin

22
Inhalt zu Geschwindigkeit ist wie Kubikmeter zu:

O Schnelligkeit

O Beschleunigung

O Knoten

O Leistung

Aufgabentyp: Ähnliche Begriffe

Finden Sie den Begriff, der dem erstgenannten am ähnlichsten ist. Wenn mehrere Zusammenhänge möglich sind, sollte die einfachste Erklärung gewählt werden. Es geht nicht um äußerliche Eigenheiten der Wörter wie bestimmte Buchstaben oder die Anzahl der Silben.

23

Kilogramm

O Pfund

O Kilowatt

O Joule

O Euro

24

Sturm

O Gewitter

O Orkan

O Luft

O Flutwelle

25

Plenum

O Ausschuss

O Interview

O Vollversammlung

O Fraktion

26

Epoche

O Dynastie

O Mode

O Zeitalter

O Phase

Aufgabentyp: Wörter zusammensetzen

Welches Wort lässt sich jeweils aus den Buchstaben zusammensetzen?

27

C S L S O H S

28

R U R J O

29

MAARKE

30

T R A I F G E

____

31

N I K N E C H N A

____

32

P H O K A T E E

33

C R E D O H E I

Figurale Aufgaben

Zeitvorgabe für diesen Teil:
60 Sekunden pro Aufgabe

Aufgabentyp: Domino

Welcher Dominostein gehört an die Stelle des Fragezeichens? Wenn mehrere Lösungen möglich erscheinen, sollte die einfachste gewählt werden.

34

a **b** **c** **d**

35

a

b

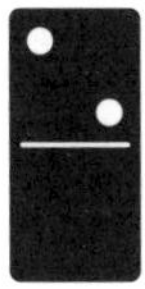

c

d

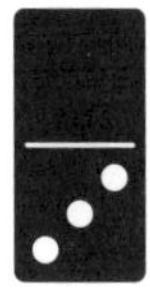

36

a

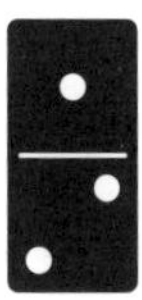

b

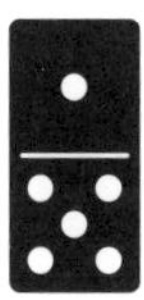

c

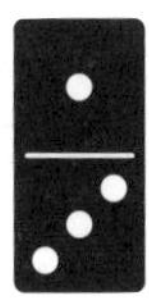

d

Aufgabentyp: Matrix

Welche Figur gehört an die Stelle des Fragezeichens? Wenn mehrere Lösungen möglich erscheinen, sollte die einfachste gewählt werden.

37

a **b** **c** **d**

38

a **b** **c** **d**

39

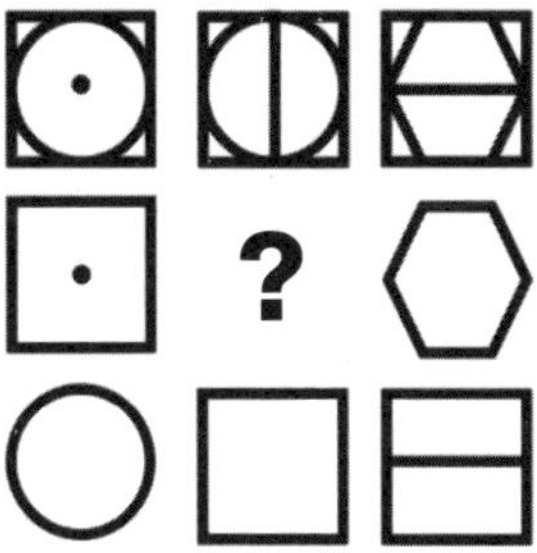

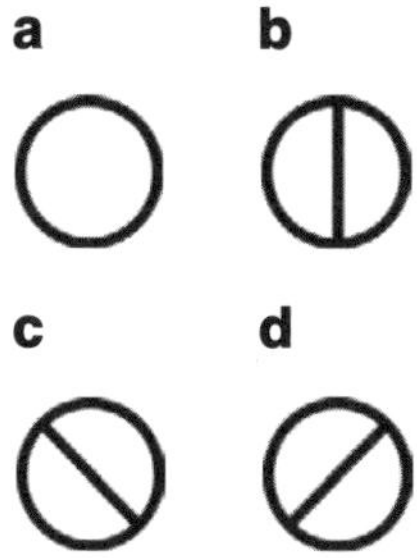

40

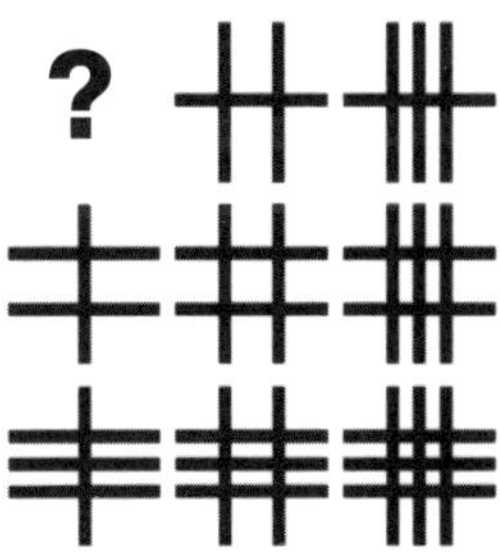

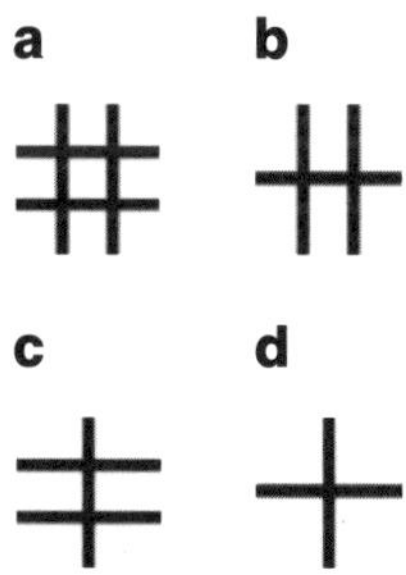

41

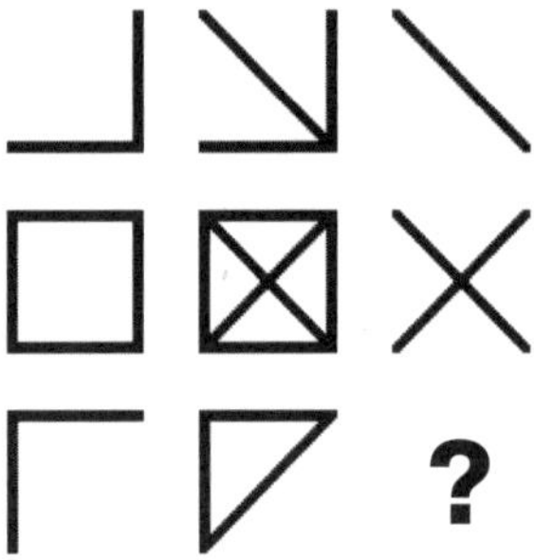

a b c d

42

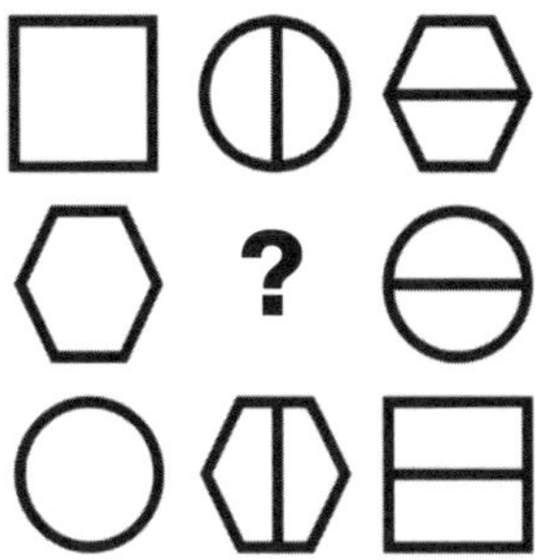

a

b

c

d

43

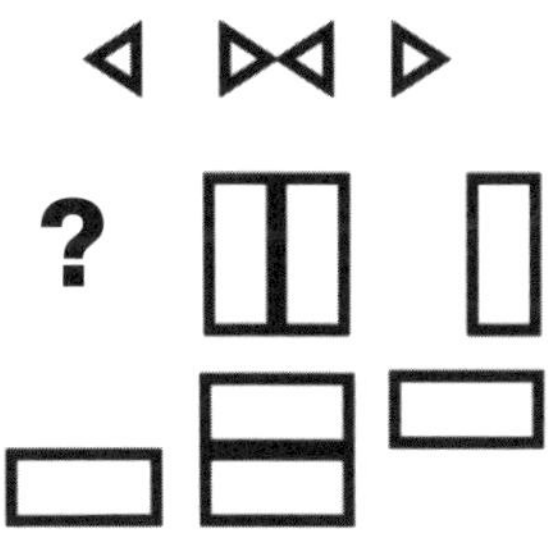

a

b

c

d

44

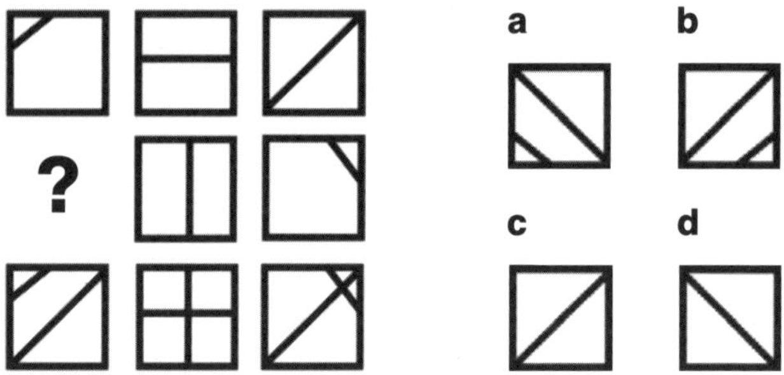

45

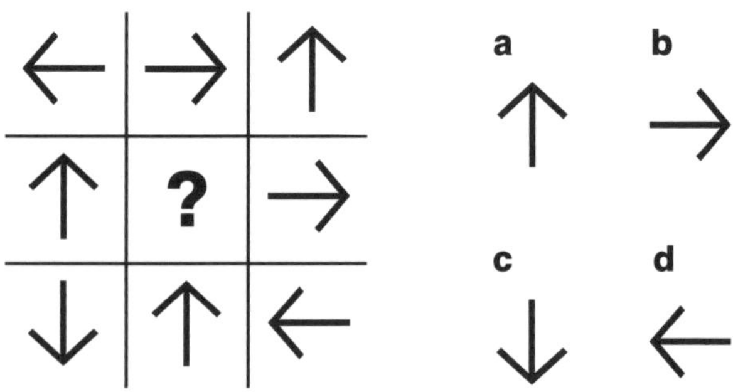

46

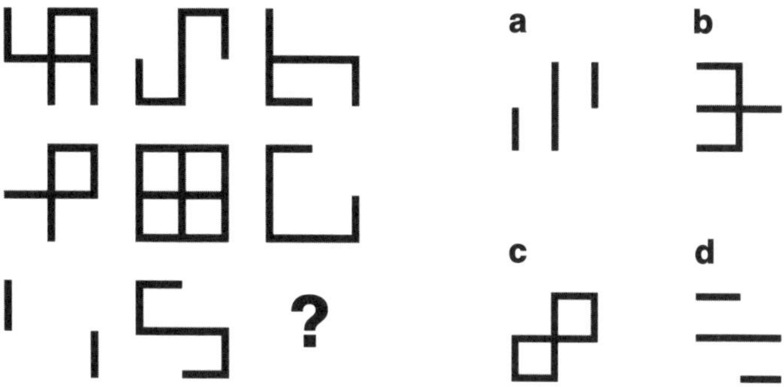

47

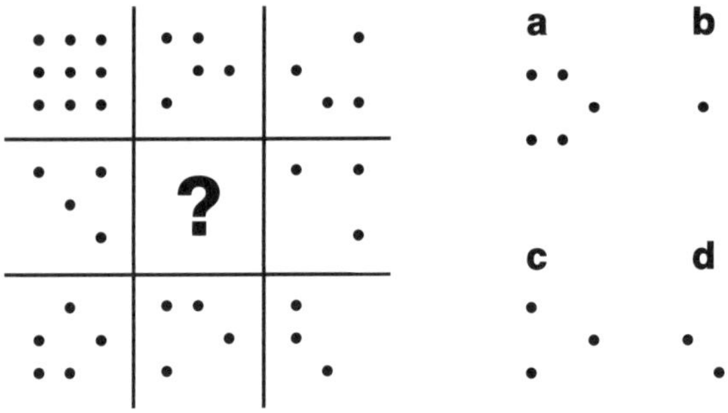

48

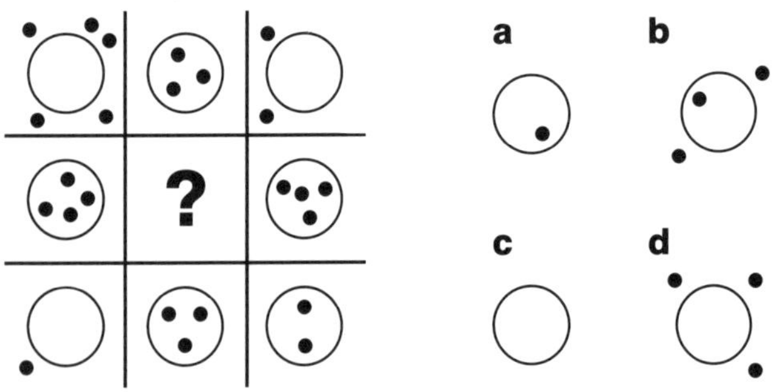

49

a

b

c

d

50

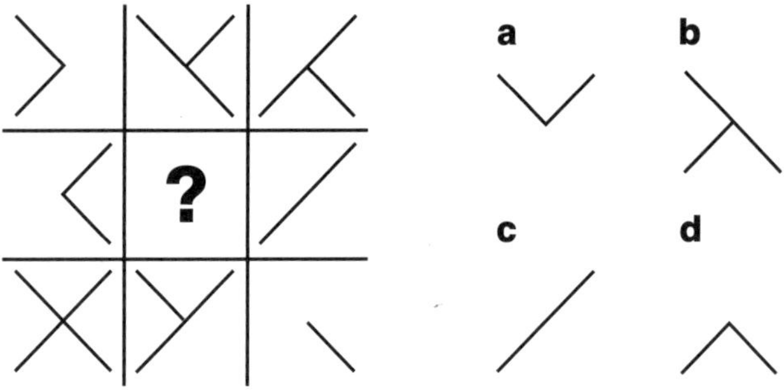

51

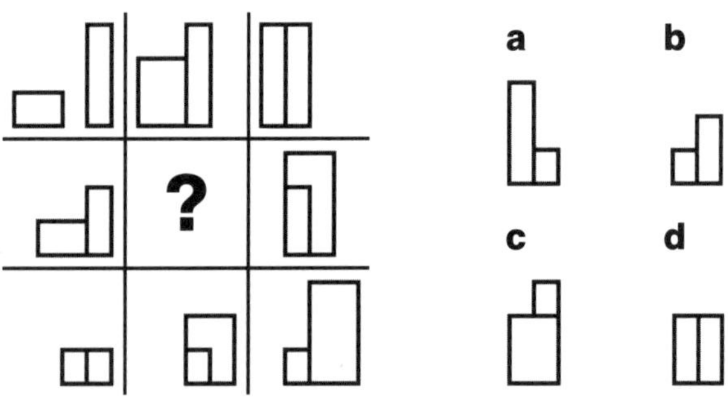

52

a

b

c

d

Aufgabentyp: Würfel

Welcher Würfel lässt sich jeweils aus dem Faltmuster zusammensetzen?

53

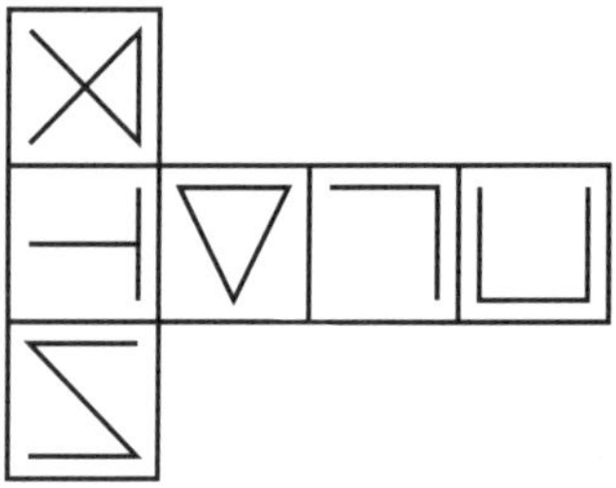

a

b

c

d

54

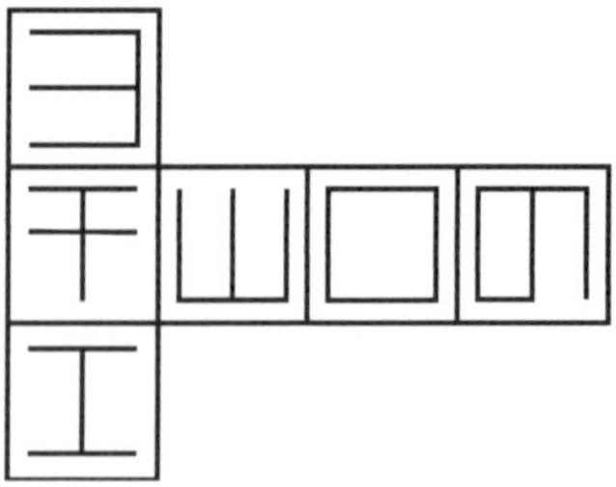

a

b

c

d

55

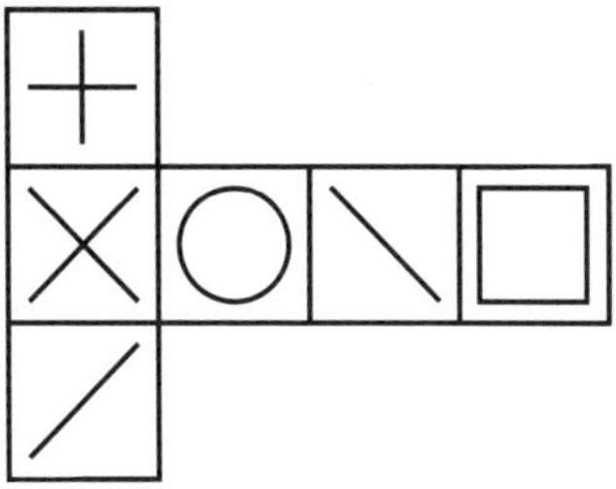

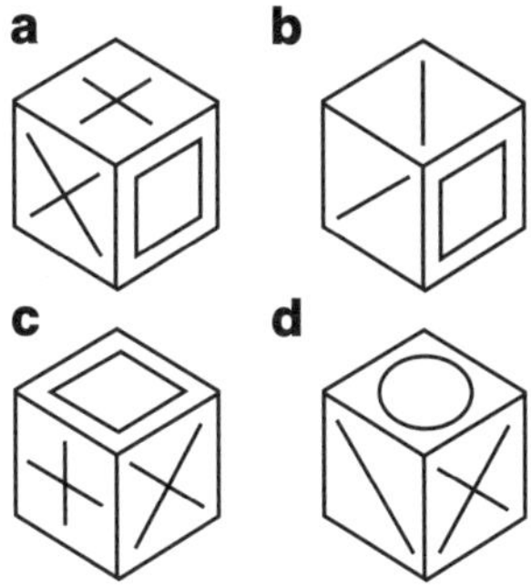

Aufgabentyp: Reihe

Welche Figur setzt die Reihe sinnvoll fort? Wenn mehrere Lösungen möglich erscheinen, sollte die einfachste gewählt werden.

56

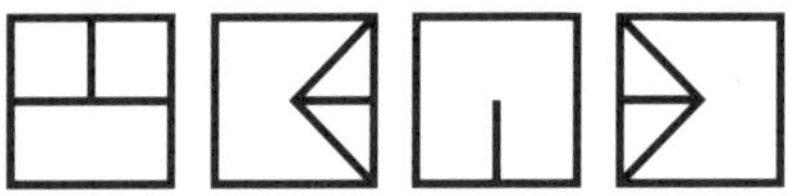

a **b** **c** **d**

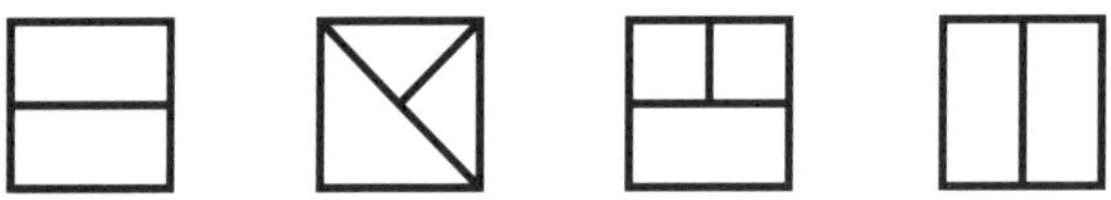

57

a **b** **c** **d**

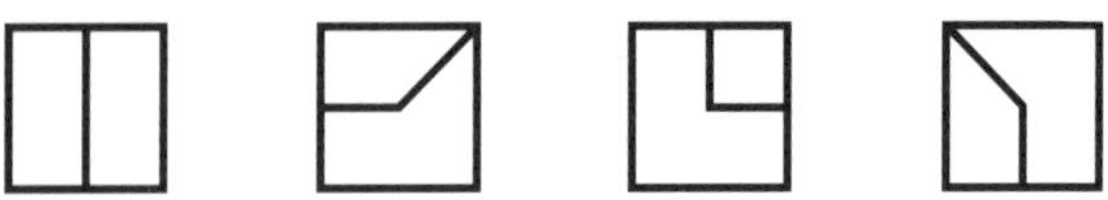

58

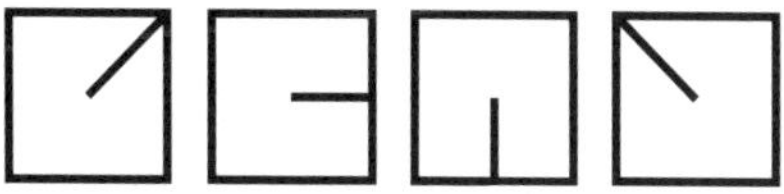

a

b

c

d

Aufgabentyp: Traube

Welche Figur gehört an die Stelle des Fragezeichens? Wenn mehrere Lösungen möglich erscheinen, sollte die einfachste gewählt werden.

59

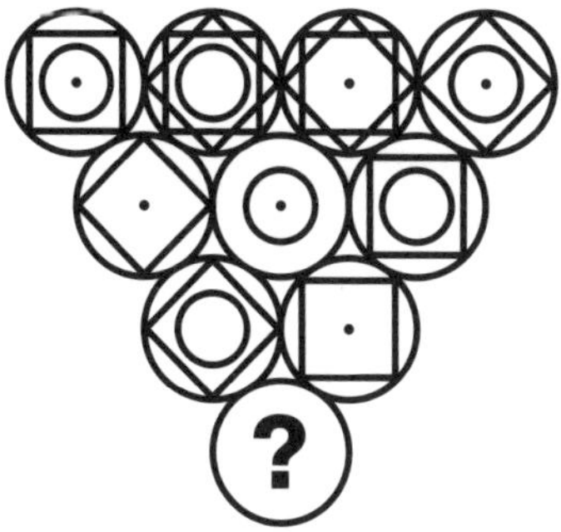

a 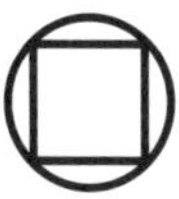 b  c  d 

60

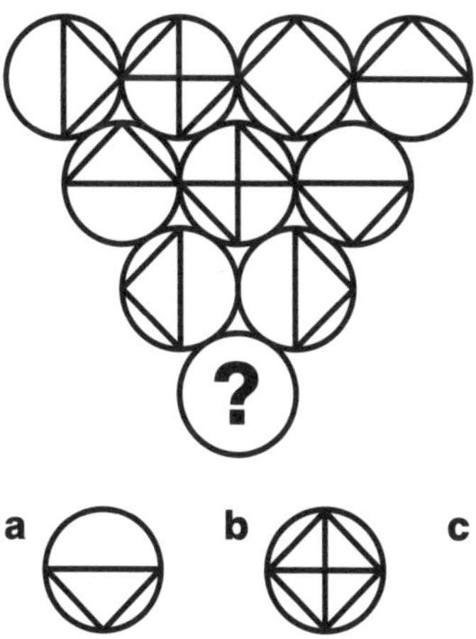

a b c d

61

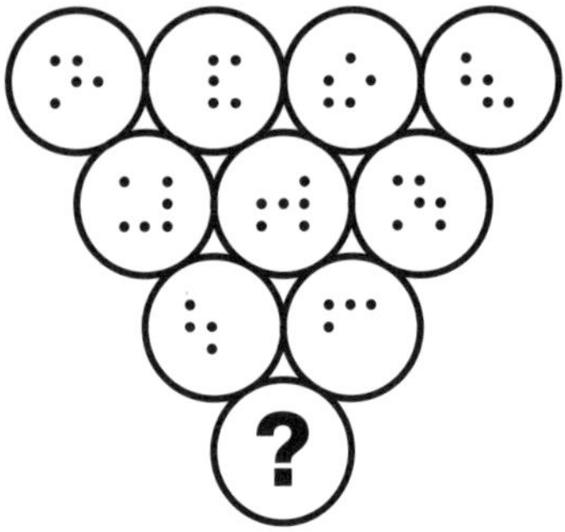

a b c d

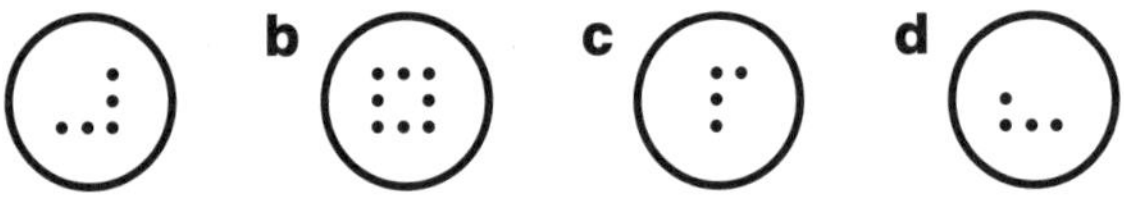

Aufgabentyp: Mosaik

Das linke Mosaik soll mit den Fliesentypen 1–6 nachgebaut werden. Im Plan rechts hat sich jedoch jeweils ein Fehler eingeschlichen. An welcher Stelle?

62 

1 2 3 4 5 6

5	2	6	6	1	5
5	5	2	1	5	5
5	3	5	5	3	5
5	6	4	3	6	5
5	6	6	6	6	5
5	6	6	6	6	5

63 

1 2 3 4 5 6

5	5	5	5	5	2
5	6	6	6	6	6
5	5	5	2	6	6
5	5	5	3	6	6
5	6	6	6	6	6
5	5	5	5	5	2

64

1 2 3 4 5 6

5	2	6	6	6	5
5	6	2	6	6	5
5	4	5	2	6	5
5	6	4	5	2	5
5	6	6	4	5	5
5	6	6	6	4	5

65

1 2 3 4 5 6

1	5	5	5	5	3
5	3	6	6	6	6
5	5	5	5	5	2
6	6	6	6	6	5
6	6	6	6	5	5
1	5	5	5	5	3

66

1 2 3 4 5 6

6	1	5	5	2	6
1	2	6	6	4	2
5	6	6	6	6	5
5	5	5	5	5	5
5	6	6	6	6	5
3	6	6	6	6	4

123

Zahlenaufgaben

Zeitvorgabe für diesen Teil:
60 Sekunden pro Aufgabe

Aufgabentyp: Zahlenreihen fortsetzen

Welche Zahl setzt die Reihe sinnvoll fort? Wenn mehrere Lösungen möglich erscheinen, sollte die einfachste gewählt werden. Es werden nur Grundrechenarten verwendet; als Lösungen kommen nur ganze positive Zahlen in Betracht.

67

13 10 7 4 ?

68

2 4 7 11 ?

69

81 27 9 3 ?

70

1 4 9 16 ?

71

1 8 2 7 3 ?

72

90 80 40 30 15 ?

73

18 10 17 11 16 ?

74

74

1 3 7 15 31 ?

75

13 18 12 19 11 ?

76

14 7 28 14 56 ?

77

1 4 12 15 45 ?

78

15 13 17 11 19 ?

79

11 16 4 9 3 ?

80

2 8 20 44 92 ?

81

3 9 13 65 71 ?

82

3 6 12 15 30 ?

Aufgabentyp: Textaufgaben

Die Textaufgaben können im Kopf oder mit einer kurzen schriftlichen Rechnung gelöst werden. Wenn mehrere Lösungen möglich erscheinen, sollte die einfachste gewählt werden.

83

Zwei Fensterputzer putzen zwei Stockwerke in zwei Stunden. Wie viele Stunden brauchen vier Fensterputzer für vier Stockwerke?

sebamed
MIERECZKO
5
LA POSTE
USANNE MARATHON 2013
MIGROS

84

Stefan wird beim Marathon kurz vor dem Ziel vom bisher drittplatzierten Läufer überholt. Den wievielten Platz belegt Stefan?

85
Christine verdient nach einer 25-prozentigen Gehaltserhöhung 2000 Euro im Monat. Wie viel hat sie vorher verdient?

86
Frau Müller verkauft 36 Liter frisch gepressten Orangensaft in Dreiviertelliter-Flaschen. Wie viele Flaschen benötigt sie?

87

Im Tanzkurs mit 30 Teilnehmern sind gleich viele Damen und Herren. Wie viele mögliche Tanzpaare gibt es?

88
Ein Fünftel aller Billig-Lampen sind schon beim Kauf defekt. Wie viele muss Frank insgesamt kaufen, damit er schließlich 16 funktionierende Lampen erwarten kann?

89
Herr Meier kauft ein rechteckiges Grundstück mit einer Größe von 1700 Quadratmetern bei einer Breite von 25 Metern. Wie lang ist sein Grundstück?

90

Kymberley möchte auf ihrer Reise durch Europa fünf Städte besuchen. Wie viele Möglichkeiten hat sie, dies in einer bestimmten Reihenfolge zu tun?

91

Herbert hat zwanzig Paar Socken in vier verschiedenen Farben. Wie viele Socken muss er morgens blind aus der Schublade nehmen, damit mindestens zwei gleiche darunter sind?

92
Wie lang muss ein Zaun sein, der ein quadratisches Grundstück von 900 Quadratmetern umschließen soll?

93
Frau Schmidt verkauft 24 Liter frisch gepressten Apfelsaft in Dreiviertelliter-Flaschen zu je 2,50 Euro. Wie hoch ist ihr Umsatz?

94

Auf einer Party stößt jeder mit jedem an. Die Gläser klingen 28 Mal. Wie viele Gäste sind, einschließlich Gastgeber, anwesend?

95

Um die Wände des quadratischen Arbeitszimmers zu streichen, benötigte Ulrike 3 Liter Farbe. Wie viele Liter benötigt sie für das ebenfalls quadratische Wohnzimmer, dessen Bodenfläche viermal so groß ist? (Bei der Berechnung Fenster und Türen ignorieren.)

96

Ein Zug mit einer Länge von 250 Metern fährt mit einer Geschwindigkeit von 30 km/h durch einen 250 Meter langen Tunnel. Wie lange braucht der Zug, um den Tunnel vollständig zu durchqueren?

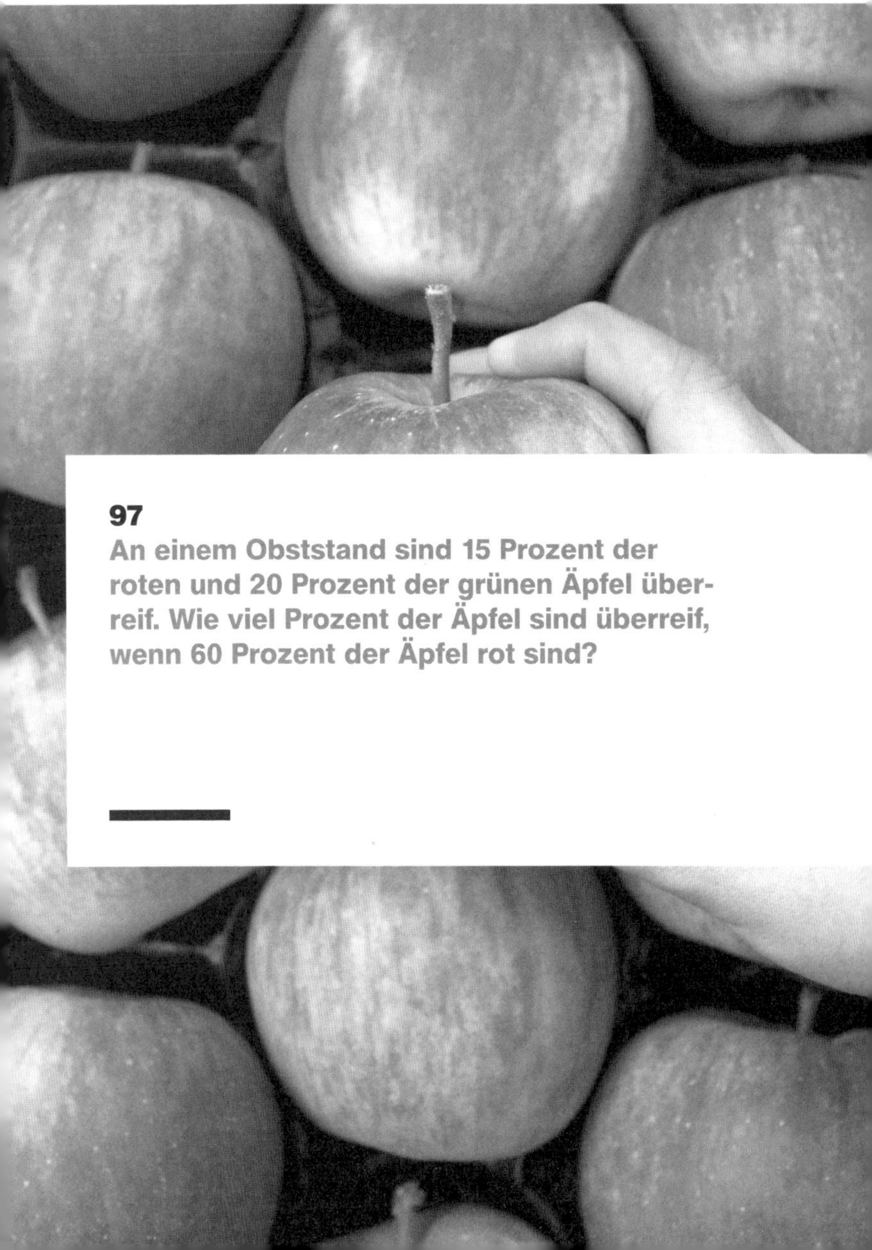

97

An einem Obststand sind 15 Prozent der roten und 20 Prozent der grünen Äpfel überreif. Wie viel Prozent der Äpfel sind überreif, wenn 60 Prozent der Äpfel rot sind?

98

Horst fährt mit 180 km/h auf der Autobahn von Ingolstadt nach München, auf dem Rückweg schafft er nur 90 km/h. Wie hoch war seine Durchschnittsgeschwindigkeit insgesamt?

99

Ein Würfel hat eine Kantenlänge von 9 cm und eine Masse von 162 Gramm. Wie groß wäre die Masse des Würfels, wenn die Kantenlänge 3 cm betrüge?

Die Auflösung

Sprachaufgaben

Aufgabentyp: Welches Wort gehört nicht dazu?

Es soll der Begriff ausgewählt werden, der logisch nicht zu den anderen passt. Wenn mehrere Zusammenhänge möglich erscheinen, sollte die einfachste Erklärung gewählt werden. Es geht nicht um äußerliche Eigenheiten der Wörter wie bestimmte Buchstaben oder die Anzahl der Silben.

1 violett karminrot **kariert** hellbraun
Kariert ist keine Farbe.

2 Bäcker **Auszubildender** Kfz-Mechaniker Friseur
Auszubildender ist kein Beruf.

3 eilig **behutsam** hastig rasch
Behutsam ist nicht mit Schnelligkeit assoziiert.

4 traurig **einsam** bekümmert betrübt
Einsamkeit ist keine Emotion.

5 Graupel Schnee Regen **Wolke**
Wolke ist keine Form von Niederschlag.

6 lang **leer** hoch tief
Leer hat keinen Bezug zur Dimension.

7 Schrank **Fernseher** Tisch Sofa
Fernseher ist ein technisches Gerät.

8 Wein Rum **Cocktail** Bier
Cocktail ist kein eigenständiges alkoholisches Getränk.

9 Ferkel Fohlen **Küken** Kalb
Küken ist kein Jungtier eines Säugetiers.

10 Speiche **Lenker** Nabe Felge
Lenker ist nicht Teil eines Rades.

11 **Arzt** Doktor Professor Magister
Arzt ist kein akademischer Grad.

Aufgabentyp: Beziehungen

Die ersten beiden Begriffe stehen in einer bestimmten Beziehung zueinander. Es soll das passende Wort gefunden werden, das mit dem dritten Wort ein entsprechendes Beziehungspaar bildet.

12 Minute zu Zeit ist wie Gramm zu:
Kilogramm Waage **Masse** Schwere
Gramm ist eine Maßeinheit für Masse.

13 Regen zu Schirm ist wie Flut zu:
Wasser Fluss **Damm** Ebbe
Ein Damm schützt vor der Flut.

14 Konzert zu Dirigent ist wie Film zu:
Schauspieler Drehbuch Kino
Regisseur
Der Regisseur ist bei einem Film der verantwortliche Leiter.

15 Aussage zu Lüge ist wie Urkunde zu:
Fälschung Betrug kriminell Notar
Eine unechte Urkunde ist eine Fälschung.

16 Hammer zu Zange ist wie Bleistift zu:
Tinte **Radiergummi** Papier Tintenkiller
Mit einem Radiergummi kann das Werk des Bleistifts korrigiert werden.

17 Februar zu Januar ist wie Mittwoch zu:
Donnerstag Mittwoch **Dienstag** Montag
Mittwoch folgt auf Dienstag.

18 Messer zu Fleisch ist wie Diamant zu:
Teller Ring **Glas** Kohlenstoff
Diamant schneidet Glas.

19 natürlich zu Bach ist wie künstlich zu:
Teich Fluss Strom Rinnsal
Ein Teich ist ein künstlich angelegtes Gewässer.

20 Lampe zu Dunkelheit ist wie Lautsprecher zu:
Musik **Stille** Lärm einschalten
Das Einschalten eines Lautsprechers beendet die Stille.

21 Radio zu Musik ist wie Feuer zu:
Licht Holz Flamme Kamin
Ein Feuer erzeugt Licht.

22 Inhalt zu Geschwindigkeit ist wie Kubikmeter zu:
Schnelligkeit Beschleunigung **Knoten** Leistung
Knoten ist eine Maßeinheit für Geschwindigkeit.

Aufgabentyp: Ähnliche Begriffe
Finden Sie den Begriff, der dem erstgenannten am ähnlichsten ist. Wenn mehrere Zusammenhänge möglich sind, sollte die einfachste Erklärung gewählt werden. Es geht nicht um äußerliche Eigenheiten der Wörter wie bestimmte Buchstaben oder die Anzahl der Silben.

23 Kilogramm – **Pfund** Kilowatt Joule Euro
Kilogramm und Pfund sind Maßeinheiten für Masse.

24 Sturm – Gewitter **Orkan** Luft Flutwelle
Sturm und Orkan sind Bezeichnungen für Windstärken.

25 Plenum – Ausschuss Interview **Vollversammlung** Fraktion
Vollversammlung ist ein Synonym für Plenum.

26 Epoche – Dynastie Mode
Zeitalter Phase

Zeitalter ist ein Synonym für Epoche.

Aufgabentyp: Wörter zusammensetzen

Welches Wort lässt sich jeweils aus den Buchstaben zusammensetzen?

27 C S L S O H S *Schloss*

28 R U R J O *Juror*

29 M A A R K E *Kamera*

30 T R A I F G E *Freitag*

31 N I K N E C H N A *Kaninchen*

32 P H O K A T E E *Apotheke*

33 C R E D O H E I *Orchidee*

Figurale Aufgaben

Aufgabentyp: Domino

Welcher Dominostein gehört an die Stelle des Fragezeichens? Wenn mehrere Lösungen möglich erscheinen, sollte die einfachste gewählt werden.

34

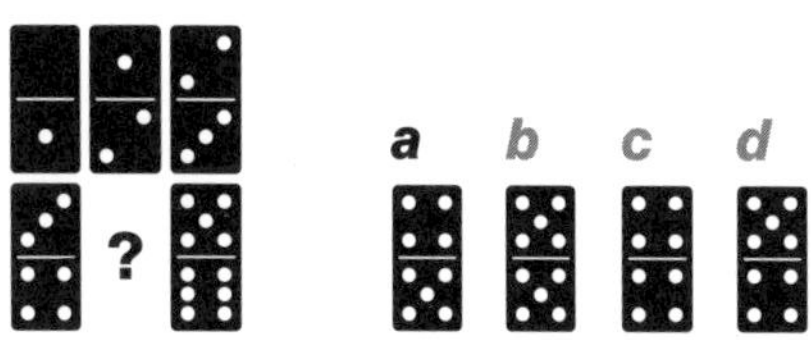

Betrachtet man von links oben nach rechts unten die obere Hälfte der Steine, so ergibt sich die Zahlenreihe von 0 bis 5. Die untere Hälfte ergibt die Zahlenreihe von 1 bis 6.

35

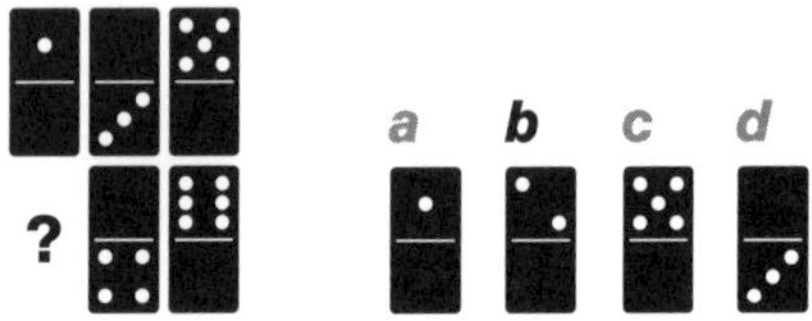

Auf den drei oberen Steinen ergibt sich von links nach rechts gesehen die Reihe 1, 3, 5, jeweils abwechselnd auf der oberen und unteren Hälfte des Steins, während die andere Hälfte leer ist. Analog muss bei den drei unteren Steinen die Reihe 2, 4, 6 lauten.

36

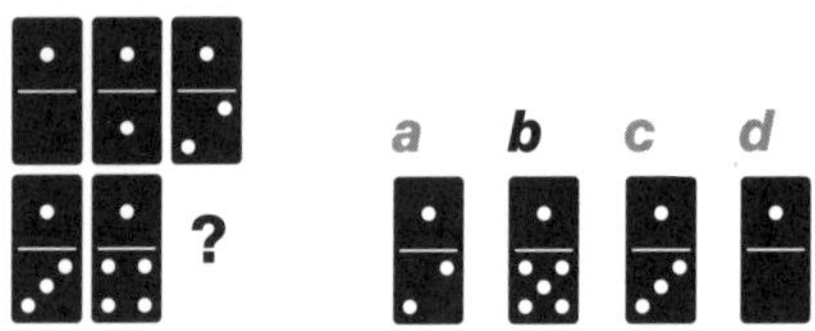

In der oberen Hälfte steht immer eine 1, während die unteren Hälften die Reihe von 0 bis 5 ergeben.

Aufgabentyp: Matrix

Welche Figur gehört an die Stelle des Fragezeichens? Wenn mehrere Lösungen möglich erscheinen, sollte die einfachste gewählt werden.

37

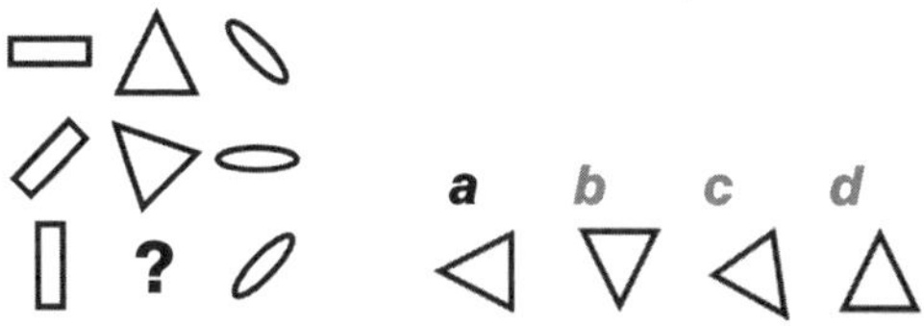

In jeder Spalte wird die Figur von oben nach unten jeweils um 45 Grad gegen den Uhrzeigersinn gedreht.

38

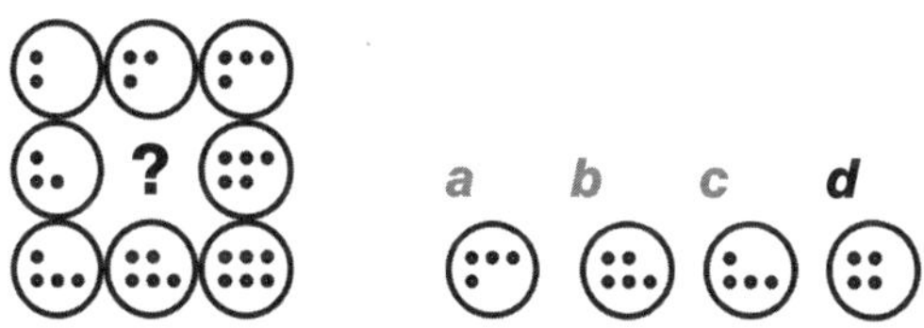

In jeder Zeile nimmt die Anzahl der Punkte in der oberen Hälfte in den Kreisen von links nach rechts um eins zu. In jeder Spalte nimmt die Anzahl der Punkte in der unteren Hälfte in den Kreisen von oben nach unten um eins zu.

39 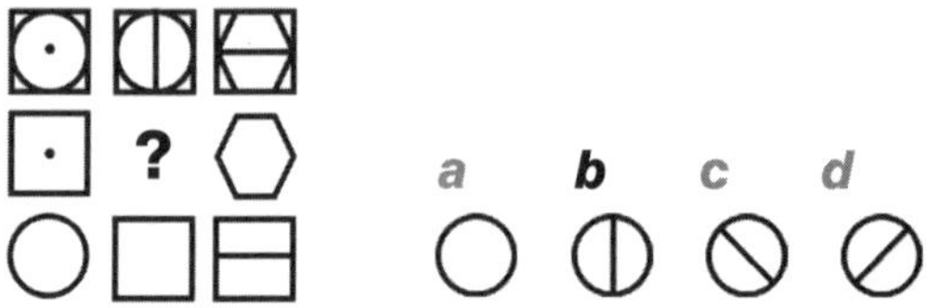

In jeder Spalte entsteht die obere Figur aus der Addition der mittleren und der unteren Figur.

40 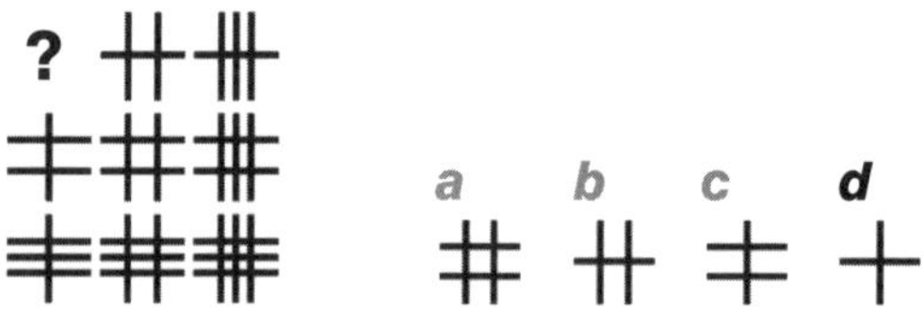

In jeder Zeile nimmt die Anzahl der senkrechten Striche von links nach rechts um eins zu. In jeder Spalte nimmt die Anzahl der waagerechten Striche von oben nach unten um eins zu.

41 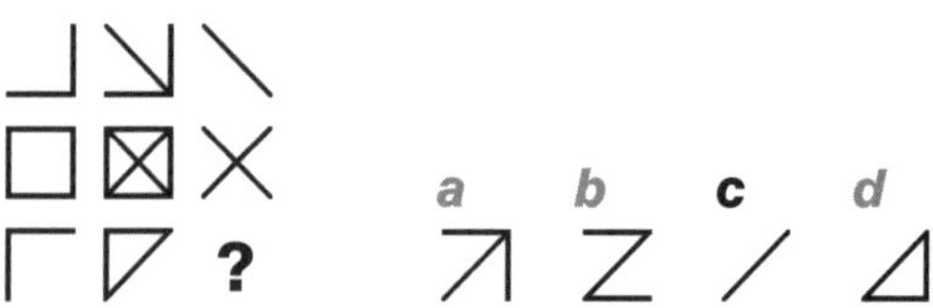

In jeder Zeile entsteht die mittlere Figur aus der Addition der linken und der rechten Figur. In jeder Zeile entsteht die mittlere Figur aus der Addition der oberen und der unteren Figur.

42

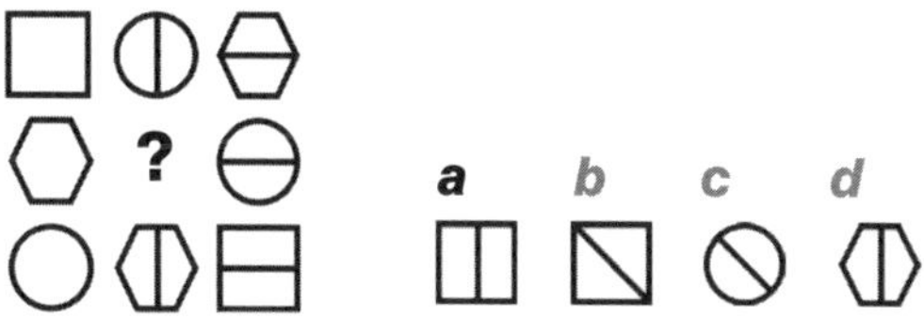

In jeder Spalte kommen die äußeren Formen Kreis, Quadrat und Sechseck je einmal vor. In jeder Zeile kommen je einmal ein senkrechter und einmal ein waagerechter Strich als Füllung vor.

43

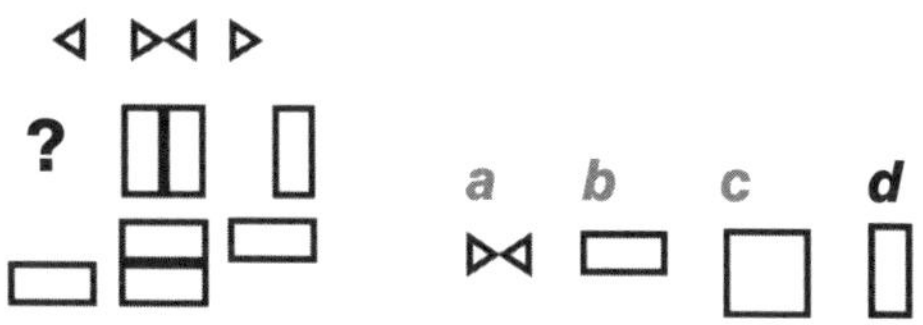

In jeder Zeile entsteht die mittlere Figur aus der Addition der linken und der rechten Figur.

44

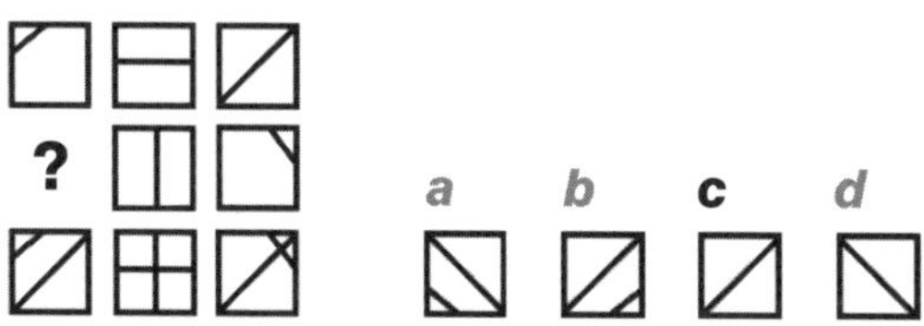

In jeder Spalte entsteht die untere Figur aus der Addition der oberen und der mittleren Figur.

45

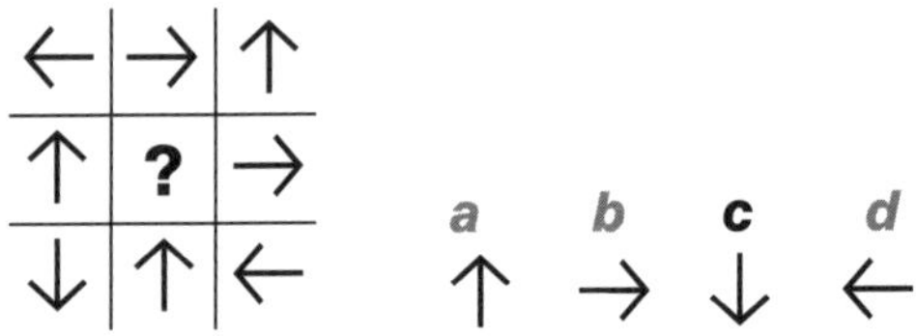

In jeder Zeile wird die Figur von links nach rechts gesehen zunächst um 180 Grad gedreht, dann folgt eine 90-Grad-Drehung gegen den Uhrzeigersinn. In jeder Spalte wird die Figur von oben nach unten gesehen zunächst um 90 Grad im Uhrzeigersinn gedreht, dann um 180 Grad.

46

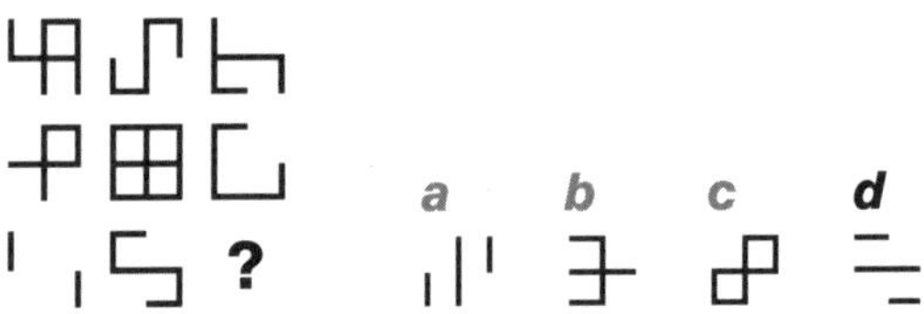

In jeder Zeile entsteht die mittlere Figur aus der Addition der linken und der rechten Figur, wobei sich doppelt vorhandene Linien auslöschen (logisches Exklusiv-Oder). In jeder Spalte entsteht die mittlere Figur nach derselben Regel aus der oberen und der unteren Figur.

47

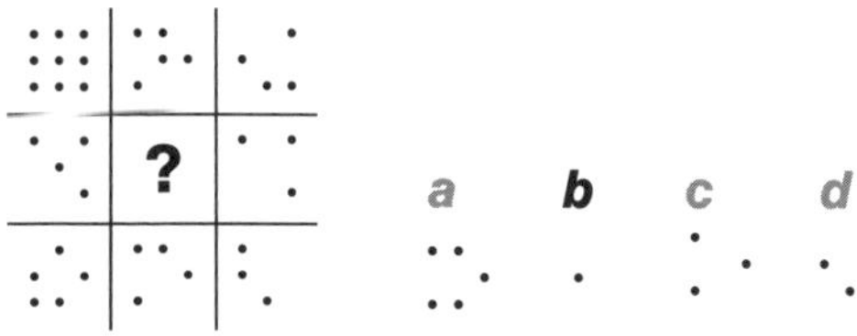

In jeder Zeile entsteht die mittlere Figur aus der Addition der linken und der rechten Figur, wobei sich doppelt vorhandene Punkte auslöschen (logisches Exklusiv-Oder). In jeder Spalte entsteht die mittlere Figur nach derselben Regel aus der oberen und der unteren Figur.

48

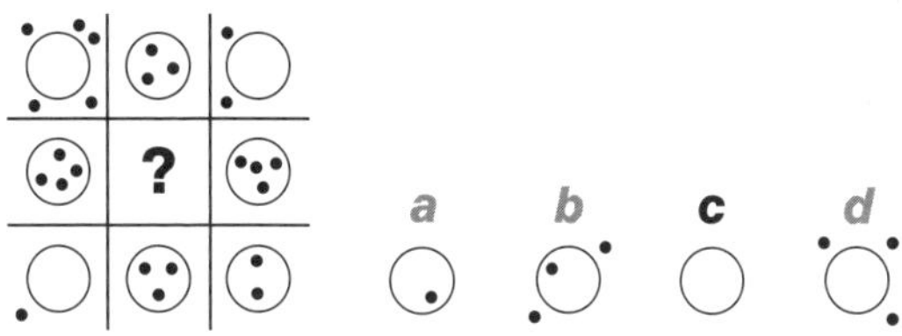

Die Punkte außerhalb des Kreises stellen positive Zahlen dar, die innerhalb des Kreises negative Zahlen. In jeder Zeile ist die rechte Figur die Summe der linken und der mittleren Figur. In jeder Spalte ist die untere Figur die Summe der oberen und der mittleren Figur.

49

a b c d

In jeder Zeile und in jeder Spalte ist das innere Quadrat zweimal schwarz und einmal weiß, der mittlere und der äußere Ring jeweils zweimal weiß und einmal schwarz.

50

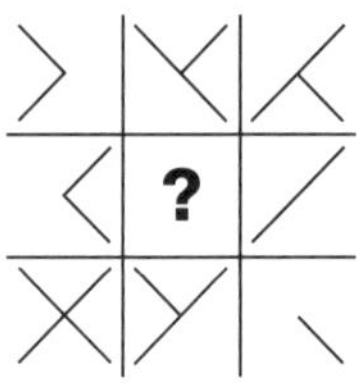

a b c d

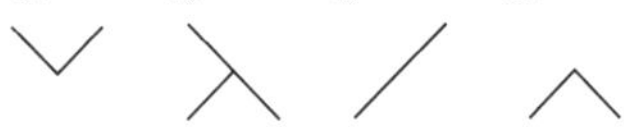

In jeder Zeile entsteht die mittlere Figur aus der Addition der linken und der rechten Figur, wobei sich doppelt vorhandene Linien auslöschen (logisches Exklusiv-Oder). In jeder Spalte entsteht die mittlere Figur nach derselben Regel aus der oberen und der unteren Figur.

51

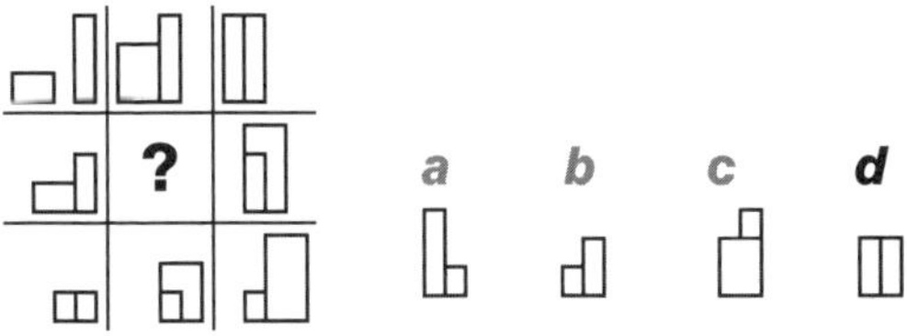

In jeder Zeile bleibt von links nach rechts gesehen ein Rechteck unverändert, wandert aber nach links, während das andere ortsfest ist und dabei wächst. In jeder Spalte bleibt von oben nach unten gesehen ein Rechteck unverändert, wandert aber nach rechts, während das andere ortsfest ist und dabei schrumpft.

52

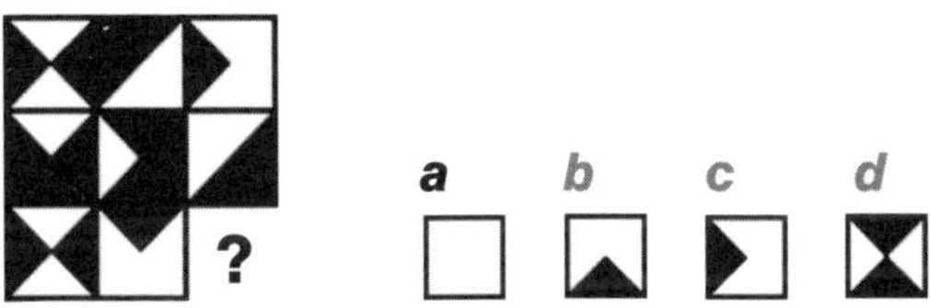

In jeder Zeile ist die weiße Fläche in der rechten Figur die Summe der weißen Flächen der linken und der mittleren Figur. In jeder Spalte ist die weiße Fläche in der unteren Figur die Summe der weißen Flächen der oberen und der mittleren Figur.

Aufgabentyp: Würfel

Welcher Würfel lässt sich jeweils aus dem Faltmuster zusammensetzen?

53

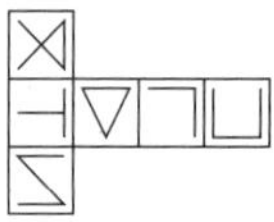

a *b* *c* *d*

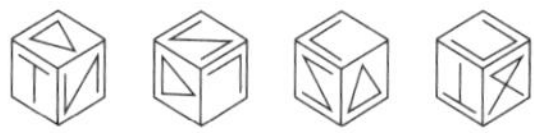

54

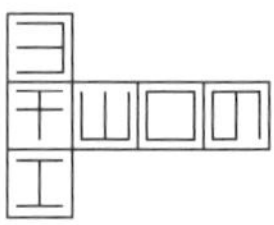

a *b* *c* *d*

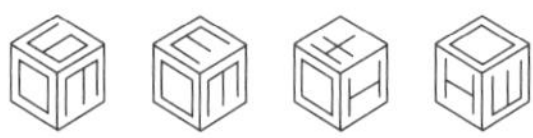

55

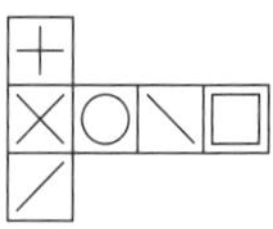

a *b* *c* *d*

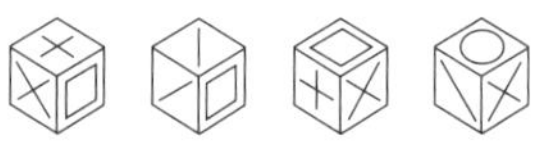

Aufgabentyp: Reihe

Welche Figur setzt die Reihe sinnvoll fort? Wenn mehrere Lösungen möglich erscheinen, sollte die einfachste gewählt werden.

56 

a **b** **c** d

Die in der ersten Figur linke Linie dreht sich um jeweils 135 Grad im Uhrzeigersinn, die mittlere um 90 Grad, die rechte um 45 Grad.

57 

a b c **d**

Die in der ersten Figur linke Linie dreht sich um jeweils 90 Grad im Uhrzeigersinn, die rechte um 45 Grad.

58 

a **b** c d

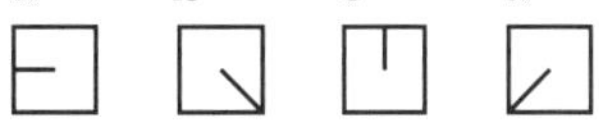

Die Linie dreht sich im Uhrzeigersinn um 45, 90, 135 und dann 180 Grad.

Aufgabentyp: Traube
Welche Figur gehört an die Stelle des Fragezeichens? Wenn mehrere Lösungen möglich erscheinen, sollte die einfachste gewählt werden.

59

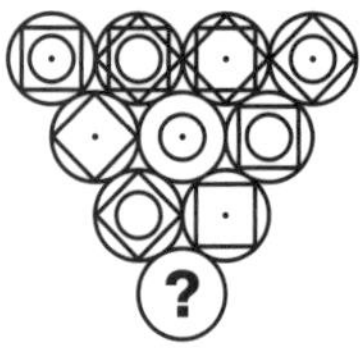

a ***b*** *c* *d*

60

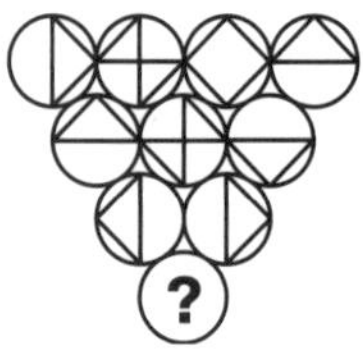

a *b* *c* ***d***

61

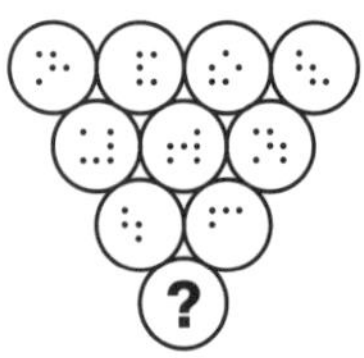

a *b* **c** *d*

Der Inhalt jedes Kreises ist die Summe der beiden darüber liegenden, wobei sich doppelt vorhandene Inhalte auslöschen (logisches Exklusiv-Oder).

Aufgabentyp: Mosaik

Das linke Mosaik soll mit den Fliesentypen 1–6 nachgebaut werden. Im Plan rechts hat sich jedoch jeweils ein Fehler eingeschlichen. An welcher Stelle?

62

5	2	6	6	1	5
5	5	2	1	5	5
5	3	5	5	3	5
5	6	4	3	6	5
5	6	6	6	6	5
5	6	6	6	6	5

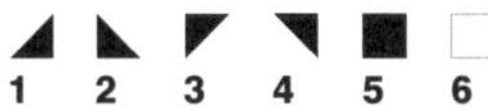

Spalte 2, Zeile 3

63

5	5	5	5	5	2
5	6	6	6	6	6
5	5	5	2	6	6
5	5	5	3	6	6
5	6	6	6	6	6
5	5	5	5	5	2

Spalte 6, Zeile 1

64

5	2	6	6	6	5
5	6	2	6	6	5
5	4	5	2	6	5
5	6	4	5	2	5
5	6	6	4	5	5
5	6	6	6	4	5

Spalte 2, Zeile 2

65

1	5	5	5	5	3
5	3	6	6	6	6
5	5	5	5	5	2
6	6	6	6	6	5
6	6	6	6	5	5
1	5	5	5	5	3

1 2 3 4 5 6

Spalte 5, Zeile 5

66

6	1	5	5	2	6
1	2	6	6	4	2
5	6	6	6	6	5
5	5	5	5	5	5
5	6	6	6	6	5
3	6	6	6	6	4

1 2 3 4 5 6

Spalte 2, Zeile 2

(Spalten jeweils von links nach rechts gezählt, Zeilen von oben nach unten)

Zahlenaufgaben

Aufgabentyp: Zahlenreihen fortsetzen

Welche Zahl setzt die Reihe sinnvoll fort? Wenn mehrere Lösungen möglich erscheinen, sollte die einfachste gewählt werden. Es werden nur Grundrechenarten verwendet; als Lösungen kommen nur ganze positive Zahlen in Betracht.

67

13 10 7 4 **1**

(jeweils minus 3)

68

2 4 7 11 **16**

(plus 2, plus 3, plus 4, plus 5)

69

81 27 9 3 **1**

(jeweils geteilt durch 3)

70
1 4 9 16 **25**
(plus 3, plus 5, plus 7, plus 9,
entspricht der Reihe der Quadratzahlen)

71
1 8 2 7 3 **6**
(plus 7, minus 6, plus 5, minus 4, plus 3)

72
90 80 40 30 15 **5**
(abwechselnd minus 10, geteilt durch 2)

73
18 10 17 11 16 **12**
(minus 8, plus 7, minus 6, plus 5, minus 4)

74
1 3 7 15 31 **63**
(den Vorgänger verdoppeln und 1 addieren)

75
13 18 12 19 11 **20**
(plus 5, minus 6, plus 7, minus 8, plus 9)

76
14 7 28 14 56 **28**
(abwechselnd geteilt durch 2 und mal 4)

77
1 4 12 15 45 **48**
(abwechselnd plus 3 und mal 3)

78
15 13 17 11 19 **9**
(minus 2, plus 4, minus 6, plus 8, minus 10)

79
11 16 4 9 3 **8**
(plus 5, geteilt durch 4, plus 5, geteilt durch 3, plus 5)

80
2 8 20 44 92 **188**
(den Vorgänger verdoppeln und 4 addieren)

81
3 9 13 65 71 **497**
(mal 3, plus 4, mal 5, plus 6, mal 7)

82
3 6 12 15 30 **33**
(abwechselnd plus 3, mal 2)

Aufgabentyp: Textaufgaben
Die Textaufgaben können im Kopf oder mit einer kurzen schriftlichen Rechnung gelöst werden. Wenn mehrere Lösungen möglich erscheinen, sollte die einfachste gewählt werden.

83 Zwei Fensterputzer putzen zwei Stockwerke in zwei Stunden. Wie viele Stunden brauchen vier Fensterputzer für vier Stockwerke?
Während die ersten beiden Fensterputzer die beiden unteren Stockwerke putzen, schaffen zwei weitere Fensterputzer in derselben Zeit die beiden oberen Stockwerke. Also benötigt das Team ebenfalls zwei Stunden.

84 Stefan wird beim Marathon kurz vor dem Ziel vom bisher drittplatzierten Läufer überholt. Den wievielten Platz belegt Stefan?
Der bisherige Dritte ist jetzt Zweiter und Stefan wird Dritter.

85 Christine verdient nach einer 25-prozentigen Gehaltserhöhung 2000 Euro im Monat. Wie viel hat sie vorher verdient?
1600 Euro. Mit einem 25-prozentigen Aufschlag (400 Euro) sind es jetzt 2000 Euro.

86 Frau Müller verkauft 36 Liter frisch gepressten Orangensaft in Dreiviertelliter-Flaschen. Wie viele Flaschen benötigt sie?
48 Dreiviertelliter-Flaschen reichen genau für 36 Liter Orangensaft.

87 Im Tanzkurs mit 30 Teilnehmern sind gleich viele Damen und Herren. Wie viele mögliche Tanzpaare gibt es?
Jeder der 15 Herren kann mit einer der 15 Damen tanzen. Es gibt insgesamt 225 mögliche Kombinationen.

88 Ein Fünftel aller Billig-Lampen sind schon beim Kauf defekt. Wie viele muss Frank insgesamt kaufen, damit er schließlich 16 funktionierende Lampen erwarten kann?
Bei 20 Lampen sind vier defekte zu erwarten, es bleiben 16 funktionierende Lampen.

89 Herr Meier kauft ein rechteckiges Grundstück mit einer Größe von 1700 Quadratmetern bei einer Breite von 25 Metern. Wie lang ist sein Grundstück?
68 Meter, denn 25 Meter mal 68 Meter ergeben 1700 Quadratmeter.

90 Kymberley möchte auf ihrer Reise durch Europa fünf Städte besuchen. Wie viele Möglichkeiten hat sie, dies in einer bestimmten Reihenfolge zu tun?
Sie kann mit einer von fünf Städten beginnen. Es bleiben vier Städte für den zweiten Stopp zur Auswahl, dann drei, zwei und eine. Insgesamt gibt es $5 \times 4 \times 3 \times 2 \times 1 = 120$ Möglichkeiten.

91 Herbert hat zwanzig Paar Socken in vier verschiedenen Farben. Wie viele Socken muss er morgens blind aus der Schublade nehmen, damit mindestens zwei gleiche darunter sind?
Wenn er fünf Socken herausnimmt, hat er mindestens eine Farbe doppelt in der Hand.

92 Wie lang muss ein Zaun sein, der ein quadratisches Grundstück von 900 Quadratmetern umschließen soll?
120 Meter. Das Quadrat hat eine Seitenlänge von 30 Metern.

93 Frau Schmidt verkauft 24 Liter frisch gepressten Apfelsaft in Dreiviertelliter-Flaschen zu je 2,50 Euro. Wie hoch ist ihr Umsatz?
Die 24 Liter Apfelsaft sind in 32 Dreiviertelliter-Flaschen abgefüllt. Je Flasche beträgt der Umsatz 2,50 Euro, insgesamt also 80 Euro.

94 Auf einer Party stößt jeder mit jedem an. Die Gläser klingen 28 Mal. Wie viele Gäste sind, einschließlich Gastgeber, anwesend?
Es sind acht Personen anwesend. Gast 1 stößt mit den Gästen 2 bis 8 an, insgesamt sieben Mal. Gast 2 muss dann noch mit den Gästen 3 bis 8 anstoßen, insgesamt also sechs Mal, usw. Insgesamt wird 7+6+5+4+3+2+1=28 Mal angestoßen.

95 Um die Wände des quadratischen Arbeitszimmers zu streichen, benötigte Ulrike 3 Liter Farbe. Wie viele Liter benötigt sie für das ebenfalls quadratische Wohnzimmer, dessen Bodenfläche viermal so groß ist? (Bei der Berechnung Fenster und Türen ignorieren)
Bei doppelter Kantenlänge hat ein Quadrat die vierfache Fläche. Also sind auch die Wände insgesamt doppelt so lang. Da sich die Höhe nicht ändert, ist der Farbverbrauch mit 6 Litern ebenfalls doppelt so hoch.

96 Ein Zug mit einer Länge von 250 Metern fährt mit einer Geschwindigkeit von 30 km/h durch einen 250 Meter langen Tunnel. Wie lange braucht der Zug, um den Tunnel vollständig zu durchqueren?

Bei einer Geschwindigkeit von 30 km/h schafft der Zug 500 Meter pro Minute. Die Spitze des Zuges hat den 250 Meter langen Tunnel also in 30 Sekunden durchquert. Bis das 250 Meter weiter hinten befindliche Ende ebenfalls den Tunnelausgang erreicht, vergehen weitere 30 Sekunden. Insgesamt braucht der Zug 60 Sekunden.

97 An einem Obststand sind 15 Prozent der roten und 20 Prozent der grünen Äpfel überreif. Wie viel Prozent der Äpfel sind überreif, wenn 60 Prozent der Äpfel rot sind?

60 Prozent rote Äpfel mal 15 Prozent Anteil überreifer Äpfel ergeben 9 Prozent. Dazu kommen 40 Prozent grüne Äpfel mal 20 Prozent, was 8 Prozent ergibt. Insgesamt sind 17 Prozent der Äpfel überreif.

98 Horst fährt mit 180 km/h auf der Autobahn von Ingolstadt nach München, auf dem Rückweg schafft er nur 90 km/h. Wie hoch war seine Durchschnittsgeschwindigkeit insgesamt?
Geschwindigkeit ist Strecke pro Zeit. Auf der Rückfahrt ist die Strecke gleich, die Zeit aber doppelt so lang. Damit ist die Durchschnittsgeschwindigkeit in den insgesamt drei Zeiteinheiten [(1 × 180) + (2 × 90)]/3 = 120 km/h. Konkretes Rechenbeispiel: Wenn die Strecke 90 Kilometer lang ist, dauert die Hinfahrt 30 Minuten und die Rückfahrt 60 Minuten. Insgesamt werden also 180 Kilometer in 90 Minuten zurückgelegt, das entspricht 120 km/h.

99 Ein Würfel hat eine Kantenlänge von 9 cm und eine Masse von 162 Gramm. Wie groß wäre die Masse des Würfels, wenn die Kantenlänge 3 cm betrüge?
Die Kantenlänge beträgt ein Drittel, und der Würfel hat in drei Dimensionen ein um den Faktor 3 × 3 × 3 = 27 geringeres Volumen. Dementsprechend beträgt die Masse 162/27 = 6 Gramm.

Auswertung

Meine Punktzahl

Sprache: ______

Figuren: ______

Zahlen: ______

Insgesamt: ______

0–19 Punkte: Praktisch begabt

Wir geben gern zu: Der Test ist nicht leicht. Aber auch Sie müssen zugeben: Ihre Leistung ist nicht glänzend. Trösten mag Sie der Gedanke, dass der Test natürlich nur einen bestimmten, kleinen Teil der Fähigkeiten zu messen versucht. Und dass Ihre Stärken vermutlich auf anderen Feldern liegen. Zu dumm, dass Sie dafür hier nicht belohnt werden.

20–39 Punkte: Verkanntes Genie

Gar nicht schlecht! Der Test wird Ihnen, so vermuten wir, schwergefallen sein. Aber Sie haben etliche Aufgaben gemeistert, das verdient ein Lob. Wenn Sie dennoch finden, dass Sie eigentlich viel mehr Punkte verdient hätten, grämen Sie sich nicht zu lange. Es sind schließlich schon andere Genies verkannt worden.

40–59 Punkte: Schlaumeier

Herzlichen Glückwunsch! Sie liegen im Mittelfeld, was Ihnen einerseits das beruhigende Gefühl verschaffen darf, dass andere sich viel schwerer als Sie getan haben. Und Ihnen andererseits die Angst nehmen sollte, zu schlau für diese Welt zu sein.

60–79 Punkte: Oberschlaumeier

Alle Achtung! Den Titel des Oberschlaumeiers hat sich redlich verdient, wer deutlich mehr als die Hälfte der Aufgaben gelöst hat. Vermutlich ärgern Sie sich selbst am meisten, dass Sie nicht noch ein paar Punkte mehr erzielt haben und deshalb die Spitzengruppe verpasst haben. Sehen Sie es andersherum: Viel besser ging es nun wirklich nicht.

80–99 Punkte: Intelligenzbestie

Unser Kompliment! Sie haben in allen drei Bereichen viele Punkte eingeheimst, das ist nur wenigen Teilnehmern gelungen. Uns bleibt nur, Ihnen zu gratulieren. Und zu hoffen, dass Ihnen der Test nicht auch noch leichtgefallen ist – sondern wir Sie wenigstens ordentlich herausgefordert haben!

Was Sie schon immer über Intelligenz wissen wollten

Je schlauer, desto Chef? Wie Intelligenz und beruflicher Erfolg zusammenhängen

Wenn ein Verein nur Menschen aufnimmt, die intelligenter als 99,9999999 Prozent der Bevölkerung sind – wie viele geeignete Bewerber finden sich dann unter einer Milliarde Menschen? Thomas Wolf, 47 Jahre alt, Informatiker aus München, muss bei einer solchen Frage nicht lange überlegen. Vermutlich sogar: gar nicht überlegen. Wolf gehört einem der elitärsten Zirkel der Welt an, der »Giga Society«. Und deren Aufnahmebedingung ist nichts anderes als jene Eins-zu-eine-Milliarde-Formel. »Die Mitgliedschaft steht allen offen, die 99,9999999 Prozent der erwachsenen Bevölkerung in einem der anerkannten IQ-Tests übertreffen«, so steht es auf der Website der Giga-Gesellschaft. Das kann man absurd finden, auch abschreckend, bei Thomas Wolf überwog die Neugier. Er wusste, dass er überdurchschnittlich schlau ist, er war bereits Mitglied von Mensa – jenem Verein für Menschen mit einem IQ von mindestens 130. Die Giga Society ist freilich 20 Millionen Mal exklusiver, die Mitglieder verfügen angeblich über einen IQ von 196 aufwärts. Auch wenn das niemand so genau sagen kann, denn in diesen Höhen funktionieren die Tests nicht verlässlich. Der Niederländer Paul Cooijmans hat die Giga Society in den Neunzigerjahren gegründet; was die Gesellschaft soll und was sie bewirkt, bleibt im Dunkeln, vielleicht ist sie auch nicht allzu ernst zu nehmen.

Elitär ist sie allemal: Weltweit gibt es neun Mitglieder. »Getroffen haben wir uns noch nie«, sagt Wolf, »aber ich würde schon mal gern den einen oder anderen kennenlernen.« Der 47-Jährige scheint sich nicht viel auf den Klub einzubilden, er redet auch gar nicht so gern über seinen IQ. »In Deutschland haben viele Menschen damit ein Problem«, sagt er. »Da kommt man schnell als Angeber daher.« In der Tat: Mit der Intelligenz scheinen die Deutschen so ihre Probleme zu haben. Wenn man versucht, mit Freunden oder Kollegen darüber zu sprechen, wird schnell abgelenkt, höhnisch gelacht, bestimmt reißt jemand ein Witzchen. Die meisten Deutschen kennen ihren IQ nicht. Und die wenigen anderen behalten ihn lieber für sich. Im Zweifel würde ein Mitarbeiter wohl lieber sein Gehalt als seinen IQ preisgeben. Der Gedanke, dass sich Geisteskraft mittels eines Messwertes ausdrücken lässt, löst offenbar allgemeines Unbehagen aus. Ist der Mensch nicht viel mehr als sein IQ? Was zählt schon Intelligenz, wenn jemand ein Intrigant ist? Ist der IQ nur ein überflüssiger Messwert, ersonnen von Psychologen, die ihre Existenzberechtigung daraus ziehen, Menschen irgendwie in Schubladen zu sortieren? Kommt es nicht im Leben, auch im Berufsleben, auf ganz andere Fähigkeiten an?

Viele zweifeln bereits daran, dass sie überhaupt existiert: die eine Intelligenz eines Menschen, die sich messen und in einem Quotienten abbilden lässt – betrage dieser nun 100 wie bei einem durchschnittlichen Testteilnehmer oder liege weit darüber. Es ist unbekannt, ob dies aus Frust über den eigenen IQ geschah, aber manche Autoren haben sich an einer Ausweitung der Intelligenzzone versucht. Die soziale Intelligenz ist ihnen zufolge wichtiger als die kognitive, der EQ bedeutsamer als der IQ. In den letzten 15 bis 20 Jahren habe es die Tendenz gegeben, »jede Begabung, jede Fertigkeit einer Person auf unterschiedlichen Gebieten als eine Form von Intelligenz zu bezeichnen«, resümiert die renommierte Zürcher Forscherin Elsbeth Stern mit ihrem Co-Autor Aljoscha Neubauer in ihrem Buch »Intelligenz. Große Unterschiede und ihre Folgen«. Zuletzt seien immer »absurdere Vorschläge« gemacht worden, schreiben die beiden Forscher. »Da war von einer Party-Intelligenz die Rede, von kosmischer Intelligenz bis zur sexuellen Intelligenz, frei nach dem Motto: Jeder, der irgendeine Disziplin (vermeintlich) gut beherrscht, kreiert sich eine Form der Intelligenz, in der er dann glänzen kann.«

Intelligenz bezieht sich, so sieht es die seriöse Wissenschaft, auf die kognitiven Fähigkeiten. »Intelligenz ist eine sehr allgemeine geistige Kapazität, die unter anderem die Fähigkeit umfasst, Schlüsse zu ziehen, zu denken, zu planen, Probleme zu lösen, abstrakt zu denken, komplexe Ideen zu verstehen, schnell zu lernen und aus Erfahrung zu lernen« – das schrieben führende Forscher, als sie 1994 eine gemeinsame Definition versuchten. Wenn Forscher heute von Intelligenz sprechen, ist oft vom G-Faktor die Rede: dem Generalfaktor oder Allgemeinen Faktor der Intelligenz. Die Bezeichnung geht zurück auf den britischen Psychologen Charles Spearman, der die Leistungen von Schülern in verschiedenen Fächern verglich. Nach seiner Beobachtung waren viele Schüler in vielen Fächern jeweils ähnlich gut oder schlecht; wer Mathe kann, jongliert auch souveräner mit Sprache. Darauf baute Spearman seine Theorie von der allgemeinen Intelligenz.

Bleibt die Frage, wie wichtig dieser G-Faktor eigentlich ist. Nicht so sehr, könnte man meinen, wenn man sich am Arbeitsplatz umguckt. Da wimmelt es doch von Gegenbeispielen, oder? All die Dummen, die nach oben kommen, und die Schlauen, die scheitern? Schnell entsteht der Eindruck: Intelligenz ist nicht schädlich, aber zu viel sollte es vielleicht dann doch nicht sein. Und schließlich entscheiden in Wahrheit ganz andere Faktoren: Fleiß, Charme, Skrupellosigkeit, Manieren, Netzwerk, Geschlecht oder auch Glück. Das ist der Eindruck, aber die Empirie kommt zu einem anderen Ergebnis. Wer wissen will, wie wichtig Intelligenz für den beruflichen Erfolg ist, sollte Jochen Kramer fragen. Der Wissenschaftler, heute an der Universität Tübingen tätig, fasste 2009 in einer Metaanalyse nicht weniger als 244 Studien aus Deutschland zusammen. Und bestätigte eine Erkenntnis, die für die USA schon zuvor gewonnen worden war: Wer intelligenter ist, hat auch mehr Erfolg. Fünf Jahre lang hatte Kramer die Daten für seine Dissertation zusammengetragen. Das Ergebnis, ganz klar: »Je intelligenter ein Mitarbeiter ist, desto eher liefert er gute Arbeit und ist beruflich erfolgreich.« Eine Erkenntnis, die andere Forscher nicht überraschen kann, wohl aber jene, die ihre Chefs für Idioten und sich selbst für oberschlau halten. Ihnen bleibt nur die tröstliche Erkenntnis, dass solche Studien ja keine Gültigkeit im Einzelfall beanspruchen.

Metaanalysen schließen nicht aus, dass ein Dummkopf zur rechten Zeit am richtigen Ort war und Karriere machte, während der hochbegabte Kollege mit fiesen Mitteln ausgebootet wurde. Aber wahrscheinlicher ist eben ein anderer Verlauf: Der Dumme bleibt unten, der Schlaue kommt nach oben. Das gilt laut Wissenschaftlern auch in Berufen, die gemeinhin als nicht sonderlich anspruchsvoll angesehen werden. Ob jemand als Postbote Erfolg hat oder als Müllmann reüssiert, ist keineswegs unabhängig von seiner Intelligenz. Noch ausgeprägter zeigt sich der statistische Zusammenhang bei komplexen Berufen, in denen Anforderungen häufig wechseln: Nenne mir deinen IQ, und ich sage dir, wie groß deine Erfolgsaussichten sind.

So gesehen liegt es nahe, Bewerber zum Intelligenztest zu bitten. »Bei Personalentscheidungen auf solche Tests zu verzichten und sich stattdessen nur auf den persönlichen Eindruck beim Gespräch zu verlassen, das wäre so ähnlich, als würde ein Arzt seinem Patienten eine Gehirntumoroperation vorschlagen, nur

weil dieser über wiederholte und heftige Kopfschmerzen klagt«, urteilen die beiden Forscher Elsbeth Stern und Aljoscha Neubauer. Doch in Deutschland werden Bewerber nur selten mit Intelligenztests konfrontiert. Meist sind es andere Hürden, die sie überwinden müssen: Der beliebteste Test in deutschen Firmen wie auch Dax-100-Unternehmen ist eine Präsentation (89 Prozent der Unternehmen nutzen sie), es folgen Zweiergespräch (71 Prozent) und Fallstudie (69 Prozent), Interview (66 Prozent) und Gruppendiskussion (62 Prozent); das ergab eine Studie der Psychologen Christof Obermann und Stefan Höft. Einen Intelligenztest setzte nicht mal jedes dritte Unternehmen ein. Nach einer weiteren Untersuchung, die Firmen aller Branchen und Größen einbezieht, liegt der Anteil bei gerade mal rund zehn Prozent.
Dabei sei es natürlich sinnvoll, Intelligenz zu testen, sagte Christof Obermann dem »Harvard Business Manager«, nachdem er die Dax-100-Unternehmen untersucht hatte. Denn wenn ein Manager »in puncto Komplexitätsbewältigung nur mittelmäßig ist, wird aus ihm wohl nie eine erfolgreiche Führungskraft«. Dass IQ-Tests so selten eingesetzt werden, führt der Wirtschaftspsychologe auch darauf zurück, »dass in Deutschland noch immer das Weltbild der Personaler die Inhalte dominiert – mit einseitigem Fokus auf Sozialkompetenz«, daher die Vorliebe für Rollenspiele oder Gruppendiskussionen. »Intelligenz- und Persönlichkeitstests dagegen galten lange als Geheimwissen der Psychologen«, so Christof Obermann. Der Psychologie-Professor Detlef H. Rost sieht noch einen anderen Grund: »Mit einem sehr teuren Assessment-Center lässt sich viel Geld verdienen, mit schlichten IQ-Tests dagegen sehr viel weniger.« Die Unternehmen leisten sich demnach Auswahlverfahren, die kostspieliger sind als einfache Tests und noch dazu schlechtere Ergebnisse bringen.

Thomas Wolf, der Mann von der Giga Society, müsste jedenfalls keine Angst vor solchen Tests haben. Doch er hatte keine Karriere in einem Konzern im Blick, sondern arbeitet als Freiberufler. Er entwickelt Software, das Interesse dafür wurde schon als Kind geweckt: Im Alter von elf Jahren fing er an zu programmieren. Sein Vater war Professor an einer Fachhochschule, dort gab es einen Rechner, »so groß wie drei aufeinanderliegende Lastwagenreifen und mit der Rechenleistung einer heutigen Armbanduhr«, erzählt Wolf. Als Schüler bekam er mehrere erste Preise bei den Bundeswettbewerben Mathematik und Informatik, als Informatikstudent gewann er beim Wettbewerb »Hacker des Jahres«. Wolf ist aber kein Nerd, der ständig hinterm Rechner hockt. In seiner Freizeit macht er bei Rollenspielen mit; er geht zusammen mit seiner Frau, einer Schauspielerin, gern ins Theater und spielt gelegentlich selbst bei einem Improvisationstheater mit. »Richtig gern sehen wir uns auch zusammen die Serie ›Big Bang Theory‹ an«, sagt er – es geht um junge Physiker, die fast alle Nerd-Klischees erfüllen.
Er selbst »sei schon ein wenig verkopft«, gibt Wolf zu. »Wenn meine Frau mich nach der Uhrzeit fragt, sage ich niemals Viertel nach fünf, wenn es schon 17.18 Uhr ist.« Für die Hochzeit habe er ein Projekthandbuch angelegt, bestimmt 40 oder 50 Seiten dick, es enthielt einen detaillierten Ablaufplan samt möglicher Varianten: »Für den Fall, dass der DJ ausfällt, hatte ich die Adressen von drei anderen notiert.« Auch das Einkaufen läuft bei Thomas Wolf ein bisschen anders als bei Normalbegabten. Er geht nicht einfach durch den Supermarkt und legt in seinen Einkaufswagen, was er gerade braucht. Ebenso wenig begnügt er sich mit einem Einkaufszettel, auf dem die wichtigsten Besorgungen notiert sind. »Ich schreibe immer eine genaue Liste mit einer Reihenfolge, wie man die Produkte im Geschäft am effizien-

testen einsammeln kann«, sagt er, also »welche Gänge in welcher Reihenfolge zu betreten sind.« Seine Frau aber mache trotzdem, was sie wolle.

Jedes Kind ist hochbegabt – und weitere Mythen über Intelligenz

Männer sind schlauer als Frauen, Schule macht dumm und Hitler war hochbegabt – Intelligenzmythen gibt es viele. Doch welche halten wissenschaftlicher Betrachtung stand? Es sei unverständlich, »dass vielfach statt Faktenkenntnis ideologisch verbrämte Meinungen, Mutmaßungen und Mythen vorherrschen«, sagt Detlef H. Rost. Er hat Pädagogik, Psychologie, Erziehungswissenschaft und Psychopathologie in Göttingen und Hamburg studiert. Seit den Achtzigerjahren ist er Professor für Pädagogische Psychologie und Entwicklungspsychologie an der Philipps-Universität Marburg und seit 2014 auch an der Southwest University Chongqing in China. 1999 gründete er die Begabungsdiagnostische Beratungsstelle BRAIN, die er seither leitet.

Mythos 1: Intelligenz kann man trainieren

»Gehirnjogging und ähnliche Trainings sind ja in Mode. Aber das ist alles verbesserter Humbug. Wir wissen durch viele Untersuchungen, dass man sich durch solche Trainings allenfalls bei bestimmten Aufgabentypen verbessern kann. Man erzielt dann vielleicht einen um fünf Punkte höheren IQ-Wert, doch nur in Tests, die aus sehr ähnlichen Aufgaben bestehen. Aber dadurch wird die Intelligenz nicht höher. In anderen Zusammenhängen, im Alltagsleben stellt man sich genauso dumm oder schlau an wie vorher. Und wenn man doch einige IQ-Punkte zugelegt hat: Nach wenigen Monaten ist der Vorteil wieder futsch.«

Mythos 2: Die Schule macht die Kinder dumm

»Das einzige Intelligenzförderprogramm, das intensiv und nachhaltig wirkt, ist die Schule: fünf Tage pro Woche, sechs oder acht oder zehn Stunden am Tag, unterschiedliche Inhalte von Erdkunde bis Mathematik, unterrichtet von verschiedenen Lehrern – ein Monat Schule bringt ungefähr 0,3 bis 0,4 Punkte auf der IQ-Skala. Das haben solide Studien aus verschiedenen Ländern übereinstimmend belegt. Die Verkürzung der Gymnasialzeit auf acht Jahre macht unsere Jugend dementsprechend um geschätzt vier bis fünf IQ-Punkte dümmer. Neun Jahre guter Unterricht bringen nun mal mehr als acht Jahre guter Unterricht.«

Mythos 3: Jedes Kind ist hochbegabt

»Aus Sicht der Intelligenzforschung ist eine solche Ansicht dummes Zeug. Hochbegabung ist ja definiert als überdurchschnittliche Begabung. Egal, ob man die Grenze nun bei einem IQ-Wert von 120, 130 oder 140 ansetzt – es kann nicht jeder überdurchschnittlich sein. Bücher, die das behaupten, tragen zur Volksverdummung bei.«

Mythos 4: Die Menschheit verblödet

»Von Generation zu Generation wurden die Menschen im 20. Jahrhundert intelligenter, die jüngere Generation löst in IQ-Tests mehr Aufgaben als die ältere. Das ist als Flynn-Effekt bekannt. Die Folge müsste sein, dass IQ-Tests regelmäßig neu normiert werden. Leider verwenden manche Forscher aber Tests, die 30 Jahre alt sind. Da kommen dann Werte raus, die locker 15 IQ-Punkte zu hoch liegen. So inflationiert man Hochbegabte.«

Mythos 5: Intelligenz kann man nicht messen

»Intelligenz kann man natürlich nicht so gut messen wie die Körpergröße. Aber: Intelligenztests sind wirklich gut und die besten diagnostischen Instrumente, welche die Psychologie jemals entwickelt hat, und der Messfehler ist bekannt. Es ist wie bei den Wahlprognosen: Eine Partei liegt bei 14 Prozent, plus minus einen Prozentpunkt. Bei IQ-Tests sollte man sich an keinen punktgenauen Wert klammern, sondern eine Spanne angeben, innerhalb derer sich der IQ mit hoher Wahrscheinlichkeit bewegt. Das ist dann seriös.«

Mythos 6: Männer und Frauen können das Gleiche

»Feministinnen und viele Sozialwissenschaftler hören es nicht gerne, aber zahlreiche Studien belegen: Es gibt Unterschiede zwischen Männern und Frauen in der kognitiven Leistungsfähigkeit – und bei einigen Subfacetten der Intelligenz sogar dramatische Unterschiede. Das gilt insbesondere für die räumliche Orientierung, also für die Fähigkeit, sich gedanklich in zwei- oder dreidimensionalen Räumen zu bewegen. Das ist unter anderem in vielen naturwissenschaftlichen Berufen gefragt. Da sind Männer deutlich besser als Frauen. Diese Unterschiede haben vermutlich auch nicht nur etwas mit der Sozialisation zu tun, lassen sich also nicht einfach wegtrainieren. Umgekehrt schneiden Frauen bei anderen Subfacetten besser ab, etwa bei der Wahrnehmungsgeschwindigkeit oder den verbalen Fähigkeiten. Die meisten Intelligenztests sind aus ideologischen Gründen – Political Correctness – so konstruiert, dass die Geschlechterunterschiede minimiert werden. Aber dadurch verschwinden die realen Unterschiede zwischen Männern und Frauen natürlich nicht.«

Mythos 7: Es gibt genauso viele hochbegabte Frauen wie Männer

»Die Verteilung der Intelligenz ist in beiden Geschlechtern etwas unterschiedlich, die Varianz bei den Männern größer. Das führt dazu, dass in den Extrembereichen die Männer stärker vertreten sind: Unter den besonders dummen Menschen finden sich mehr Männer als Frauen – und unter den besonders intelligenten auch.«

Mythos 8: Auf Intelligenz kommt's nicht an

»Nichts sagt den Erfolg in Schule, Beruf oder Leben so gut voraus wie die Intelligenz eines Menschen. Intelligenz ist hoch relevant! Das ist so eindeutig erwiesen, dass kein vernünftiger Mensch daran zweifelt. Im Alltag kann natürlich auch Expertise sehr wichtig sein, aber das ist etwas anderes. Wer 15 Jahre lang jeden Tag mehrere Stunden Schach spielt, wird den Bezirksmeistertitel kaum vermeiden können; seine Expertise ist freilich nicht auf einen anderen Bereich übertragbar, ein Schachgroßmeister scheitert vielleicht schon beim Halma. Intelligenz hingegen ist omnipotent und eben nicht auf ein bestimmtes Gebiet beschränkt.«

Mythos 9: Hitler war hochbegabt

»Ferndiagnosen sind sehr beliebt: Goethe soll diesen IQ-Wert gehabt haben, Einstein jenen, aber das ist Kaffeesatzleserei. Ich glaube gern, dass Goethe hochbegabt war, aber es kann nicht gelingen, aus seinen Werken einen bestimmten IQ herauszulesen. Gleiches gilt natürlich für Hitler, der angeblich einen hohen IQ gehabt haben soll, wie immer mal wieder kolportiert wird; auch wenn man konstatieren muss, dass führende Nazis bei ihren schrecklichen Taten recht planvoll und systematisch vorgegangen sind, dass manches für einen überdurchschnittlichen IQ spricht. Aber einen bestimmten Wert im Nachhinein zu bestimmen, ist schlicht Quatsch.«

Mythos 10: Unter Intelligenz verstehen alle das Gleiche

»Fast jeder hat seine eigene Vorstellung davon, was intelligentes Verhalten ist. Man kann ›Intelligenz‹ auch nicht völlig losgelöst vom kulturellen Kontext definieren. In unseren westlichen technisch-informationsdeterminierten Gesellschaften kommt dem abstrakt-logischen Denkvermögen eine herausragende Bedeutung für die Definition von Intelligenz zu. Anders bei den Buschmännern: Als besonders intelligent gilt ihnen womöglich, wer kleinste Zeichen der Natur deuten kann. Ein exzellenter Informatiker, der bei uns großes Ansehen genießt, gälte dort vermutlich als jämmerlicher Versager. Allein auf sich gestellt, wäre er in der Wüste wahrscheinlich nicht in der Lage, ein unter der Oberfläche liegendes Wasservorkommen aufzuspüren, und er würde vielleicht verdursten.«

»Die meisten Gymnasiasten sind intellektuell nicht auf der Höhe«

Nur ein Fünftel aller Schüler sollte das Gymnasium besuchen dürfen, findet die Lernforscherin Elsbeth Stern – idealerweise die Schlauesten. Im Interview erklärt sie, warum die meisten Gymnasiasten nur mittelmäßig begabt sind und wie man unentdeckte Talente fördern sollte. Stern ist Professorin für Psychologie an der Eidgenössischen Technischen Hochschule (ETH) Zürich, wo sie den Arbeitsbereich Lehr- und Lernforschung leitet.

Viele Eltern haben den Eindruck, die Schule über- oder unterfordere ihre Kinder. Wie sollte unser Schulsystem organisiert sein, damit Kinder möglichst begabungsgerecht lernen?
Der Glaube, dass Kinder je nach Intelligenz in eine Schublade, also in einen bestimmten Schultyp, passen, führt in die Irre. Das mehrgliedrige Schulsystem schafft nur künstliche Grenzen und wird den bestehenden Unterschieden nicht wirklich gerecht.

Also befürworten Sie das, was Kritiker »Einheitsschule« nennen?
Ich mag den Begriff nicht, weil er in eine Ideologiedebatte führt. Aber, ja: Länder wie Japan oder Finnland machen uns vor, dass Kinder bis zum Alter von 15 Jahren durchaus gemeinsam eine Schule besuchen können. Danach wird es schwierig, dann kommen Inhalte wie Differential- und Integralrechnung, die nicht für jedes Intelligenzniveau geeignet sind. Aber bis dahin brauchen wir keine institutionelle Aufteilung.

Ein Lehrplan für alle bis zur Oberstufe?
Die Kinder müssen ja nicht die ganze Zeit in einer Klasse zusammensitzen. Die Intelligenzforschung zeigt, dass Kinder unterschiedliche Voraussetzungen mitbringen und unterschiedlich schnell lernen. Diese Unterschiede sollten wir akzeptieren und noch viel früher mit einem individualisierten Programm beginnen. Etwa durch Extraaufgaben schon in der Grundschule für Kinder, die schon gut lesen und rechnen können. Während die einen noch das Einmaleins üben, machen sich die anderen schon Gedanken über den Aufbau des Zahlenraums.

Eltern tun sich schwer, solche Leistungsunterschiede hinzunehmen, besonders wenn das eigene Kind nicht zu den Besten gehört.
Wir haben auch akzeptiert, dass die Erde keine Scheibe ist. Es gibt nun einmal erhebliche Unterschiede bei Intelligenz und Lernfähigkeit, viele davon sind genetisch vorbestimmt. Aber ich kann die Eltern beruhigen: Die meisten Menschen sind durchschnittlich intelligent. 70 Prozent liegen in der Nähe des Mittelwertes, 15 Prozent sind deutlich überdurchschnittlich und 15 Prozent fallen ab. Einen IQ von 130 oder höher haben nur zwei Prozent, das sind dann die sogenannten Hochbegabten.

Warum halten viele Mütter und Väter die eigenen Kinder für hochbegabt?
Vielleicht weil sie sich das so wünschen? Die Psychologen sollten den Eltern reinen Wein einschenken. Es ist unseriös, Kindern eine Hochbegabtendiagnose auszustellen, die jünger als zehn Jahre sind.

Was ist mit den schwächeren Schülern?
Ich weiß, dass akademisch gebildete Eltern bisweilen nur schwer akzeptieren, dass ihr Kind in der Schule nicht so gut mitkommt. Die Kinder selbst hingegen schätzen meist realistisch ein, wie schnell sie lernen.

Können stärkere Schüler die schwächeren mitziehen, zum Beispiel in einer auf sechs Jahre verlängerten Grundschule?
Im Prinzip ja. Allerdings ist das politisch nur schwer durchsetzbar, solange begabte Kinder in der fünften und sechsten Klasse keine besonderen Angebote bekommen.

In Stadtstaaten wie Hamburg besucht inzwischen mehr als die Hälfte eines Altersjahrgangs das Gymnasium. Mit welchen Auswirkungen?
Das Gymnasium als Massenschule hat folgenden Nachteil: Die meisten Gymnasiasten sind nur mittelmäßig begabt und intellektuell nicht ganz auf der Höhe. Das ergibt sich zwangsläufig aus der Normalverteilung der Intelligenz. Sie können nicht so gut logisch denken oder sich in abstrakte Themen einarbeiten. Stattdessen sollen die Gymnasiasten nun irgendwelche Berufspraktika machen. Da pervertiert sich das deutsche Schulsystem wieder einmal selbst.

Welche Gymnasialquote empfehlen Sie?
20 bis 25 Prozent, wenn man das Gymnasium als Vorbereitung für ein Studium versteht. Ich bin auch dafür, dass die Studierquote nicht 20 Prozent eines Altersjahrgangs überschreitet. Die Universität ist eine Forschungsanstalt. Wir Professoren haben nicht die Aufgabe, Leute zu fördern, die nicht wirklich etwas mit Wissenschaft am Hut haben. Für die Mehrheit sollte es gute Fach-

hochschulen und eine funktionierende Berufsbildung geben. In diese Sektoren sollte die Politik massiv investieren.

Stattdessen setzt sie auf mehr Akademiker.

Das ist nicht sinnvoll. Wir müssen dafür sorgen, dass alle Menschen eine anspruchsvolle Ausbildung bekommen, die ihnen das ermöglicht, wozu sie in der Lage sind. Die Schweiz beispielsweise fährt mit einer relativ niedrigen Studierquote von rund 20 Prozent sehr gut, weil die Berufsausbildung hoch gehalten wird. Die Frage ist, ob es die richtigen 20 Prozent sind, auch in der Schweiz spielt die soziale Herkunft eine große Rolle.

Wie bekommen unentdeckte Talente eine Chance, sich richtig zu entfalten?

Ich würde dafür gezielt Intelligenztests einsetzen. Nicht als Massenprüfung, sondern um Kinder mit viel Potenzial zu identifizieren. Wenn beispielsweise ein Kind in der Grundschule sehr gut in Mathematik ist, aber schlecht lesen und schreiben kann, dann könnte das so ein Indiz sein. Dann muss es beim Lesen die Unterstützung bekommen, die möglicherweise zu Hause fehlt. Selbst bei einer Gymnasialquote von 50 Prozent kann noch unentdecktes Potenzial schlummern.

Das Gymnasium also nur für die Schlauen, die anderen bleiben dumm?

Nein, ich bin für eine anspruchsvolle Gemeinschaftsschule bis zum Alter von 15 Jahren mit einer anschließenden gymnasialen Oberstufe. Insgesamt sind ja die Anforderungen in allen Berufen gestiegen. An Universitäten verlangt man auch von den Pförtnern, dass sie Englisch können, um ausländische Gäste angemessen zu begrüßen. Aber dazu müssen die nicht Shakespeare gelesen haben.

Birgt es nicht Gefahren, wenn Sie der Intelligenz so viel Bedeutung in Schul- und Berufsleben einräumen?

Mir wurde Sozialdarwinismus vorgeworfen, und es wurde so getan, als würde ich mich für die Berücksichtigung eines abstrusen Merkmals einsetzen. Aber Intelligenz ist nun einmal das psychologische Merkmal mit der größten Stabilität, das wir besser als vieles andere messen können. Intelligenz bringt viele andere positive Eigenschaften mit sich. Ich habe beispielsweise dafür geworben, in den Auswahlverfahren der Studienstiftung in Deutschland und der Schweiz Intelligenztests einzusetzen. Die meisten üblichen Auswahlverfahren schauen darauf, wie gut sich jemand verkaufen kann.

Streben Sie eine Herrschaft der Intelligenten an?

Nicht Herrschaft, sondern Verantwortung. Viele anspruchsvolle Aufgaben zeichnen sich dadurch aus, dass die Erwartungen groß sind, aber niemand einem sagt, wie sie zu erfüllen sind. Das trifft auf die Leiterin eines Kindergartens ebenso zu wie auf den Aufsichtsratschef eines großen Unternehmens. Für diese Art von Aufgaben sind intelligente Menschen eher geeignet. Wer intelligenzmäßig überfordert ist, greift schnell zu autoritären Mitteln, und die bringen nichts. Intelligenz ist aber kein Garant für einen guten Charakter.

Lektüretipps

Die Psychologie-Professorin Elsbeth Stern und ihr Kollege Aljoscha Neubauer beantworten in ihrem Buch »Intelligenz. Große Unterschiede und ihre Folgen« grundlegende Fragen: Was ist Intelligenz, wie wird sie gemessen, wozu brauchen wir sie? Und was muss die Umwelt dem Kind bieten, damit sich das genetische Potenzial optimal entwickeln kann? Das Buch ist leicht verständlich; die Kapitel schließen jeweils mit einem Fazit ab, das eine schnelle Orientierung ermöglicht. Im abschließenden achten Kapitel stellen die Autoren ihre bildungspolitischen Forderungen vor, die Elsbeth Stern auch im Interview ab Seite 147 erläutert: etwa den Zugang zu den Gymnasien und den Universitäten zu begrenzen.

Das »Handbuch Intelligenz« von Detlef H. Rost, Psychologieprofessor an der Southwest University Chongqing in China und der Philipps-Universität Marburg, umfasst 655 Seiten und führt im Literaturverzeichnis, wie der Autor gezählt hat, mehr als 3600 Quellen auf. Auch wenn das Handbuch damit nicht mehr ganz handlich wirkt, müssen Laien die Lektüre nicht fürchten. Die Ausführungen sind von hoher Verständlichkeit und großer Klarheit. Viel Raum widmet Rost unter anderem den verschiedenen Theorien der Intelligenz, die er in »traditionelle« und »alternative« gruppiert. Rost geht es dabei auch darum, verbreiteten Missverständnissen entgegenzuwirken (siehe hierzu auch seine Aussagen ab Seite 141 im vorliegenden Taschenbuch). Mit Konstrukten wie »Emotionaler Intelligenz« oder »Sozialer Intelligenz« kann er wenig anfangen: »Je schwammiger die Konzepte, je schwächer die empirische Basis, desto höher die Attraktivität der Konzepte und deren Akzeptanz«, schreibt Rost. »Man schaue nur einmal bei Buchversendern wie Amazon nach, welcher Wildwuchs an Inhalten, ja, welcher Unsinn unter ›Intelligenz‹ segelt.« Sein Buch informiert auch über die Relevanz des IQs für den Schul-, Studien- und Berufserfolg sowie über Geschlechtsunterschiede, Trainierbarkeit der Intelligenz und viele weitere Aspekte.

Der Wissenschaftsjournalist Dieter E. Zimmer stellt im Titel seines Buchs die Frage: »Ist Intelligenz erblich?« Seine Antwort lautet: Ja, das ist sie. »Wer etwas anderes behaupten wollte, hätte einen Berg von nahezu einhelliger Forschungsliteratur gegen sich«, erklärt der Autor. Er schreibt ebenso sachkundig wie wortgewaltig, die Lektüre ist darum ein Gewinn und zugleich ein Vergnügen. Zimmers Fazit: »Was die Gene vorbestimmen, ist kein fester IQ-Wert, sondern ein Potenzial: das Potenzial, aus und mit der Umwelt zu lernen, wie man analytisch denkt.« Günstige Umstände führten zur Ausschöpfung des IQs, ungünstige zu dessen Verkümmerung. Das Buch ist ein Plädoyer gegen alle Gleichmacherei, die jedweden Unterschied auf mangelhafte Förderung zurückführt. »Die Menschen werden sich mit der ungleichen Verteilung von Begabungen abfinden müssen«, schreibt Zimmer. »Der Glaube an die Allmacht der Erziehung war immer eine naive Illusion.«

Alle genannten Bücher nehmen auch Bezug auf die größte politische Debatte der vergangenen Jahre, die um das Thema Intelligenz kreiste: Thilo Sarrazin hatte sie ausgelöst mit seinem Bestseller »Deutschland schafft sich ab«. Gegen Sarrazins Ausführungen stellen Michael Haller und Martin Niggeschmidt ihren Sammelband »Der Mythos vom Niedergang der Intelligenz«, der Untertitel lautet: »Von Galton zu Sarrazin: Die Denkmuster und

Denkfehler der Eugenik«. Der Band versammelt die Beiträge von zehn Autoren. Ihnen geht es unter anderem darum, Sarrazins Quellen offenzulegen und seine Thesen zu hinterfragen. Die Autoren, heißt es im Klappentext, »zeigen, dass die von Sarrazin angestoßene Debatte um eugenische Ideen kreist und sich zu weiten Teilen auf dubiose Forschungsergebnisse eines internationalen Zitierkartells stützt«. Ihr Buch provoziert seinerseits teils heftige Kritik.

Die Test-Entwickler

Isabella Holz hat Kommunikationswissenschaften studiert und arbeitet als Marketing-Expertin. Seit 2012 ist sie im Mensa-Vorstand für Marketing, PR und Finanzen zuständig. Sie veranstaltet in München regelmäßig Intelligenztests und möchte Interessenten mit IQ-Rätseln darauf neugierig machen.
Tanja Holzwarth ist Diplom-Kauffrau und arbeitet seit 15 Jahren in der Marktforschung. Sie konzipiert Studien im Bereich Unternehmenskommunikation. Seit 2002 ist sie Mitglied bei Mensa und unterstützt den Verein bei der Durchführung vereinsinterner Forschungsprojekte zu Intelligenz und Hochbegabung.
Matthias Moehl ist Informatiker und Inhaber eines Wahlforschungsunternehmens. Als Mensa-Vorsitzendem ist ihm daran gelegen, möglichst viele Menschen für Intelligenz zu begeistern und die Freude an geistiger Leistung zu fördern. Seit 2008 im Mensa-Vorstand für Intelligenztests und Öffentlichkeitsarbeit zuständig.
Christian Symmank hat Physik studiert und arbeitet seit über 13 Jahren als Softwaretestengineer. Er wurde im Juli 2002 aus Neugier Mitglied bei Mensa. Um auch neue Leute von Mensa zu begeistern, unterstützt Symmank den Verein bei der Entwicklung eigener Aufgaben. Eines seiner Hobbys ist das Lösen von Logikrätseln, damit kann er sehr gut abschalten.

Mensa wurde 1946 in England gegründet und ist ein inzwischen weltumspannendes Netzwerk für hochintelligente Menschen. Den größten Zuwachs verzeichnet derzeit die deutsche Sektion, die innerhalb von fünf Jahren die Zahl der Mitglieder auf rund 12000 verdoppeln konnte. Weltweit gehören der politisch und weltanschaulich strikt neutralen Organisation heute in 75 Ländern mehr als 100000 Hochbegabte aller Altersgruppen und aus allen Lebenslagen an. Für die meisten Mitglieder steht der ungezwungene und zugleich bereichernde Gedankenaustausch im Vordergrund. Mensa unterstützt die Intelligenzforschung und setzt sich besonders für die Förderung hochbegabter Kinder ein.

Dank

Die Herausgeber danken den Mitarbeitern des Kooperationspartners XING und den Mitgliedern von Mensa e. V., die zum Erfolg des großen Online-Intelligenztests beigetragen haben. Ein besonderer Dank geht an die vier Mensa-Mitglieder, die für die Aufgabenentwicklung verantwortlich waren: Isabella Holz, Tanja Holzwarth, Matthias Moehl, Christian Symmank. Sie werden auf Seite 157 dieses Buchs vorgestellt. Die Auswertung der Ergebnisse oblag Katharina Wesselhöft; auch ihr gilt ein herzlicher Dank. Ebenso den Experten Elsbeth Stern und Detlef H. Rost für die Interviews, die in diesem Buch zu finden sind.

Die Herausgeber danken auch den Kollegen, die in den unterschiedlichen Abteilungen des SPIEGEL-Verlags am Intelligenztest beteiligt waren, inbesondere Christine Barghoorn, Sven Becker, Rafaela von Bredow, Lars-Oliver Brombas, Jan Friedmann, Jochen Leffers, Angelika Mette, Anja Putensen, Oliver Scholz, Katharina Seebacher, Christoph Titz, Antje Wallasch, Ursula Wamser, Manuel Wessinghage, Petra zum Felde.

Der Text »Je schlauer, desto Chef« basiert auf einem Artikel von Sven Becker und Markus Verbeet in dem Heft SPIEGEL JOB (April 2013). Dem Text »10 Mythen« liegt ein Artikel von Markus Verbeet bei SPIEGEL ONLINE (6. Mai 2013) zugrunde. Das Interview mit Elsbeth Stern ist erstmals bei SPIEGEL ONLINE erschienen (8. Mai 2013); die Fragen stellte Jan Friedmann.